SUPPLÉMENT

AU

TRAITÉ DES CHEMINS.

PARIS, IMPRIMERIE DE PILLET AINÉ,
rue des Grands-Augustins, n. 7.

SUPPLÉMENT
A LA 4me ÉDITION
DU

TRAITÉ DES CHEMINS.

PAR F. X. P. GARNIER,
Avocat aux Conseils du roi et à la Cour de Cassation.

COMPRENANT, DANS UNE PREMIÈRE PARTIE,

LE COMMENTAIRE DE LA LOI DU 21 MAI 1836,

SUR LES CHEMINS VICINAUX;

ET DANS UNE SECONDE,

DIVERSES ANNOTATIONS

SUR LES CHEMINS DE TOUTES LES ESPÈCES.

A PARIS,
CHEZ L'ÉDITEUR, RUE DE L'ABBAYE-SAINT-GERMAIN, N° 9.

1836.

OUVRAGES DU MÊME AUTEUR

QUI SE TROUVENT AUSSI CHEZ L'ÉDITEUR,

Rue de l'Abbaye, N. 9.

RÉGIME, OU TRAITÉ DES RIVIÈRES ET COURS D'EAU DE TOUTES LES ESPÈCES, SALINES ET ATELIERS INSALUBRES, 2ᵉ édition; 2 vol. in-8ᵒ. — Prix : 10 fr., et 12 fr. par la poste.

SUPPLÉMENT AU RÉGIME DES EAUX, 2ᵉ édition. — Prix : 4 fr., et 6 fr. par la poste.

TRAITÉ DE L'USURE DANS LES TRANSACTIONS CIVILES ET COMMERCIALES. — 1 vol. in-8ᵒ.

JOURNAL DE LÉGISLATION ET DE JURISPRUDENCE COMMERCIALES.

TRAITÉ DES ACTIONS POSSESSOIRES, 2ᵉ édition. 1 vol. in-8ᵒ. — Prix : 6 fr., et 8 fr. par la poste.

AVERTISSEMENT.

Nous avons enfin une nouvelle loi sur les chemins vicinaux. Elle était vivement sollicitée depuis plusieurs années et impatiemment attendue. L'expérience avait démontré l'insuffisance et le peu d'efficacité de la plupart des dispositions de celle de 1824. Outre que les mesures qu'elle consacrait étaient en général facultatives, et que l'autorité supérieure manquait de moyens coërcitifs pour vaincre l'apathie ou la mauvaise volonté des communes et des particuliers, quant à l'exécution de celles conçues en termes impératifs, on est forcé de reconnaître que l'exiguité des ressources mises à la disposition des communes s'opposait trop souvent à l'entretien des voies vicinales, et laissait ainsi dans le plus déplorable état des moyens de communication d'une grande importance pour l'agriculture et l'industrie.

La loi du 21 mai dernier n'est point sans doute une œuvre parfaite. Nous avouons même qu'elle nous a paru incomplète, d'une entente et d'une exécution assez difficile dans quelques-unes de ses dispositions, dont la rédaction laisse à désirer; mais nous devons pourtant reconnaître que, malgré les reproches dont elle est l'objet, elle contient d'utiles améliorations et des garanties pour la propriété, que n'offrait pas celle qui l'a précédée. Telle qu'elle est, c'est un véritable progrès que nous félicitons le pays d'avoir obtenu. Nous verrons ensuite si les autorités sauront en faire une bonne et sage application, et en tirer tout le profit qu'elle peut produire.

Ce n'est qu'après bien des vicissitudes, des débats, des projets présentés, retirés et modifiés, qu'on est parvenu à faire une loi sur les chemins vicinaux.

En 1834, plusieurs propositions avaient été faites aux chambres. Le rapport de la chambre des députés avait été adressé aux conseils-généraux, qui envoyèrent leurs observations. Une commission, nommée par le gouvernement, fut chargée d'examiner tous ces matériaux et de rédiger un projet de loi. Le ministre de l'intérieur, adoptant en grande partie son travail, avait présenté à la chambre des députés une proposition en 33 articles. La commission de cette chambre avait conclu, à peu de chose près, à son adoption dans sa séance du 22 avril 1835. Repris dans la session de 1836, et fortement attaqué, le projet fut renvoyé à la commission pour être modifié. Dans la séance du 19 février, il a été présenté de nouveau, mais réduit à 15 articles. Après une assez longue discussion, il a été adopté dans la séance du 8 mars et a subi de nouvelles modifications à la chambre des pairs, qui l'a adopté dans sa séance du 2 mai. Reporté à la chambre des députés, celle-ci a accepté les amendemens dans sa séance du 17.

Nous n'avons pas donné une grande étendue à notre commentaire, parce que beaucoup de principes par nous développés dans notre *Traité des Chemins* ont été confirmés ou érigés en règles législatives par la loi du 21 mai dernier. Nous nous sommes généralement borné à signaler les changemens, et nous avons renvoyé, pour le surplus, à notre *Traité*, afin d'éviter d'inutiles répétitions.

Nous avons cru devoir ajouter à ce commentaire un assez grand nombre d'annotations sur toutes les parties de notre *Traité*. Nous les avons puisées notamment dans la législation et la jurisprudence, postérieures à la publication de notre 4e édition, qui date déjà de plus de deux ans. Nous pouvons affirmer qu'elles ne sont pas sans importance.

Ce supplément à notre *Traité des Chemins* est donc divisé en deux parties distinctes; la première comprend le commentaire de la nouvelle loi sur les chemins vicinaux; dans la seconde on trouvera toutes les annotations dont nous avons cru les diverses parties de notre premier travail susceptibles.

Nous avons rarement cité les sources où nous avons puisé les décisions du conseil-d'état et des cours. On trouvera les premières dans le recueil de M. Beaucousin, et les autres dans les journaux de MM. Sirey et Dalloz, nos confrères, aux diverses dates par nous indiquées.

LOI
SUR LES CHEMINS VICINAUX
DU 21 MAI 1836.

SECTION PREMIÈRE.

Chemins vicinaux.

ARTICLE PREMIER.

« Les chemins vicinaux légalement reconnus sont à la charge des communes, sauf les dispositions de l'art. 7 ci-après. »

ARTICLE II.

« En cas d'insuffisance des ressources ordinaires des communes, il sera pourvu à l'entretien des chemins vicinaux, à l'aide, soit de prestations en nature, dont le maximum est fixé à trois journées de travail, soit de centimes spéciaux en addition au principal des quatre contributions directes, et dont le maximum est fixé à cinq.

» Le conseil municipal pourra voter l'une ou l'autre de ces ressources, ou toutes les deux concurremment.

» Le concours des plus imposés ne sera pas nécessaire dans les délibérations prises pour l'exécution du présent article. »

ARTICLE III.

« Tout habitant, chef de famille, ou d'établissement, à titre de propriétaire, de régisseur, de fermier, ou de colon partiaire, porté au rôle des contributions directes, pourra être appelé à fournir, chaque année, une prestation de trois jours : 1° pour sa personne, et pour chaque individu mâle, valide, âgé de 18 ans, au moins, et de 60 ans, au plus, membre, ou serviteur de la famille, et résidant dans la commune ; 2° pour chacune des charrettes ou voitures attelées, et, en outre, pour chacune des bêtes de somme, de trait, de selle, au service de la famille, ou de l'établissement dans la commune. »

ARTICLE IV.

« La prestation sera appréciée en argent, conformément à la valeur qui aura été attribuée annuellement pour la commune à chaque espèce de journée par le conseil-général, sur les propositions des conseils d'arrondissement.

« La prestation pourra être acquittée en nature ou en argent, au gré du contribuable. Toutes les fois que le contribuable n'aura pas opté dans les délais prescrits, la prestation sera de droit exigible en argent. La prestation, non rachetée en argent, pourra être convertie en tâches, d'après les bases et évaluations de travaux préalablement fixées par le conseil municipal. »

ARTICLE V.

« Si le conseil municipal, mis en demeure, n'a pas voté dans la session désignée à cet effet les prestations et centimes nécessaires, ou si la commune n'en a point fait emploi dans les délais prescrits, le préfet pourra d'office, soit imposer la commune dans les limites du maximum, soit faire exécuter les travaux. Chaque année, le préfet communiquera au conseil-général l'état des impositions établies d'office en vertu du présent article. »

ARTICLE VI.

« Lorsqu'un chemin vicinal intéressera plusieurs communes, le préfet, sur l'avis des conseils municipaux, désignera les communes qui devront concourir à sa construction ou à son entretien, et fixera la proportion dans laquelle chacune d'elles y contribuera. »

SECTION II.

Chemins vicinaux de grande communication.

ARTICLE VII.

« Les chemins vicinaux peuvent, selon leur importance, être déclarés vicinaux de grande communication par le conseil-général, sur l'avis des conseils municipaux, des conseils d'arrondissement, et sur la proposition du préfet. Sur les mêmes avis et proposition, le conseil-général détermine la direction de chaque chemin vicinal de grande communication, et désigne les communes qui doivent contribuer à sa construction ou à son entretien.

» Le préfet fixe la largeur et les limites du chemin, et détermine annuellement la proportion dans laquelle chaque commune doit concourir à l'entretien de la ligne vicinale dont elle dépend ; il statue sur les offres faites par les particuliers, associations de particuliers ou de communes. »

ARTICLE VIII.

« Les chemins vicinaux de grande communication, et dans des cas extraordinaires les autres chemins vicinaux pourront recevoir des subventions sur les fonds départementaux. Il sera pourvu à ces subventions au moyen des centimes facultatifs ordinaires du département, et de centimes spéciaux votés annuellement par le conseil-général. La distribution des subventions sera faite en ayant égard aux ressources, aux sacrifices et aux besoins des communes, par le préfet qui en rendra compte chaque année au conseil-général. Les communes acquitteront la portion des dépenses mise à leur charge au moyen de leurs revenus ordinaires; et en cas d'insuffisance, au moyen de deux journées de prestation sur les trois journées autorisées par l'art. 2, et des deux tiers des centimes votés par le conseil municipal en vertu du même article. »

ARTICLE IX.

« Les chemins vicinaux de grande communication sont placés sous l'autorité du préfet. Les dispositions des art. 4 et 5 de la présente loi leur sont applicables. »

DISPOSITIONS GÉNÉRALES.

ARTICLE X.

« Les chemins vicinaux reconnus et maintenus comme tels, sont imprescriptibles. »

ARTICLE XI.

« Le préfet pourra nommer des agens-voyers. Leur traitement sera fixé par le conseil-général. Ce traitement sera prélevé sur les fonds affectés aux travaux. Les agens-voyers prêteront serment. Ils auront le droit de constater les contraventions et délits, et d'en dresser des procès-verbaux. »

ARTICLE XII.

« Le maximum des centimes spéciaux qui pourront être

votés par les conseils généraux, en vertu de la présente loi, sera déterminé annuellement par la loi de finances. »

ARTICLE XIII.

« Les propriétés de l'Etat, productives de revenus, contribueront aux dépenses des chemins vicinaux, dans les mêmes proportions que les propriétés privées, et d'après un rôle spécial dressé par le préfet.

» Les propriétés de la couronne contribueront aux mêmes dépenses, conformément à l'article 13 de la loi du 2 mars 1832. »

ARTICLE XIV.

« Toutes les fois qu'un chemin vicinal entretenu à l'état de viabilité par une commune sera habituellement ou temporairement dégradé par des exploitations de mines, de carrières, de forêts, ou de toute entreprise industrielle appartenant à des particuliers, à des établissemens publics, à la Couronne ou à l'Etat, il pourra y avoir lieu à imposer aux entrepreneurs ou propriétaires, suivant que l'exploitation ou les transports auront eu lieu pour les uns ou les autres, des subventions spéciales dont la quotité sera proportionnée à la dégradation extraordinaire qui devra être attribuée aux exploitations.

» Ces subventions pourront, au choix des subventionnaires, être acquittées en argent ou en prestations en nature, et seront exclusivement affectées à ceux des chemins qui y auront donné lieu.

» Elles seront réglées annuellement, sur la demande des communes, par les conseils de préfecture, après des expertises contradictoires, et recouvrées comme en matière de contributions directes.

» Les experts seront nommés suivant le mode déterminé par l'art. 17 ci-après.

» Ces subventions pourront aussi être déterminées par abonnement; elles seront réglées, dans ce cas, par le préfet en conseil de préfecture. »

ARTICLE XV.

« Les arrêtés du préfet portant reconnaissance et fixation de la largeur d'un chemin vicinal, attribuent définitivement au chemin le sol compris dans les limites qu'ils déterminent.

» Le droit des propriétaires riverains se résout en une indemnité qui sera réglée à l'amiable ou par le juge de paix du canton, sur le rapport d'experts nommés conformément à l'art. 17. »

ARTICLE XVI.

« Les travaux d'ouverture et de redressement des chemins vicinaux seront autorisés par arrêté du préfet.

» Lorsque, pour l'exécution du présent article, il y aura lieu de recourir à l'expropriation, le jury spécial chargé de régler les indemnités ne sera composé que de quatre jurés. Le tribunal d'arrondissement, en prononçant l'expropriation, désignera pour présider et diriger le jury, l'un de ses membres ou le juge de paix du canton. Ce magistrat aura voix délibérative en cas de partage.

» Le tribunal choisira sur la liste générale, prescrite par l'article 29 de la loi du 7 juillet 1833, quatre personnes pour former le jury spécial et trois jurés supplémentaires. L'administration et la partie intéressée auront respectivement le droit d'exercer une récusation péremptoire.

» Le juge recevra les acquiescemens des parties.

» Son procès-verbal emportera translation définitive de propriété.

» Le recours en cassation, soit contre le jugement qui prononcera l'expropriation, soit contre la déclaration du jury qui réglera l'indemnité, n'aura lieu que dans les cas prévus et selon les formes déterminées par la loi du 7 juillet 1833. »

ARTICLE XVII.

« Les extractions de matériaux, les dépôts ou enlèvemens de terre, les occupations temporaires de terrains, seront autorisés par arrêté du préfet, lequel désignera les lieux; cet arrêté sera notifié aux parties intéressées au moins dix jours avant que son exécution puisse être commencée.

» Si l'indemnité ne peut être fixée à l'amiable, elle sera réglée, par le conseil de préfecture, sur le rapport d'experts nommés, l'un par le sous-préfet, et l'autre par le propriétaire.

» En cas de discord, le tiers expert sera nommé par le conseil de préfecture. »

ARTICLE XVIII.

« L'action en indemnité des propriétaires pour les terrains qui auront servi à la confection des chemins vicinaux et pour extraction de matériaux, sera prescrite par le laps de deux ans. »

ARTICLE XIX.

« En cas de changement de direction ou d'abandon d'un chemin vicinal en tout ou partie, les propriétaires riverains de la partie de ce chemin qui cessera de servir de voie de communication, pourront faire leur soumission de s'en rendre acquéreurs et d'en payer la valeur qui sera fixée par des experts nommés dans la forme déterminée par l'art. 17. »

ARTICLE XX.

« Les plans, procès-verbaux, certificats, significations,

jugemens, contrats, marchés, adjudications de travaux, quittances et autres actes, ayant pour objet exclusif la construction, l'entretien et la réparation des chemins vicinaux, seront enregistrés moyennant le droit fixe d'un franc.

» Les actions civiles intentées par les communes ou dirigées contre elles, relativement à leurs chemins, seront jugées comme affaires sommaires et urgentes, conformément à l'art. 405 du Code de procédure civile. »

ARTICLE XXI.

« Dans l'année qui suivra la promulgation de la présente loi, chaque préfet fera, pour en assurer l'exécution, un règlement qui sera communiqué au conseil-général et transmis avec ses observations au ministre de l'intérieur pour être approuvé s'il y a lieu.

» Ce règlement fixera dans chaque département le maximum de la largeur des chemins vicinaux; il fixera en outre les délais nécessaires à l'exécution de chaque mesure; les époques auxquelles les prestations en nature devront être faites; le mode de leur emploi ou de leur conversion en tâches, et statuera en même tems sur tout ce qui est relatif à la confection des rôles, à la comptabilité, aux adjudications et à leur forme, aux alignemens, aux autorisations de construire le long des chemins, à l'écoulement des eaux, aux plantations, à l'élagage, aux fossés, à leur curage et à tous autres détails de surveillance et de conservation. »

ARTICLE XXII.

« Toutes les dispositions de lois antérieures demeurent abrogées en ce qu'elles auraient de contraire à la présente loi. »

PREMIÈRE PARTIE.

COMMENTAIRE

SUR LA LOI DE MAI 1836, RELATIVE AUX CHEMINS VICINAUX.

SECTION 1re. — CHEMINS VICINAUX.

ARTICLE PREMIER.

TEXTE.

« Les chemins vicinaux légalement reconnus sont à la charge des communes, sauf les dispositions de l'art. 7 ci-après. »

COMMENTAIRE.

La loi que nous expliquons divise les chemins en deux classes générales. Dans la première, elle range ceux que l'on peut considérer comme chemins vicinaux ordinaires, et qui ont été déclarés tels par le préfet, qu'ils servent aux habitans d'une seule commune entre eux, ou aux communications des habitans de plusieurs communes. La seconde, comprend les chemins d'une plus grande utilité et qui ont reçu, par cette raison, la dénomination de chemins vicinaux de grande communication.

L'article 1er de la nouvelle loi laisse subsister, sur la définition des chemins vicinaux, tous les principes que nous avons développés dans le premier chapitre de la 2e partie de notre 4e édition du *Traité des Chemins*, p. 248 et suivantes.

Il maintient la dénomination de chemins vicinaux usitée de tout tems, non-seulement dans le langage habituel, mais encore dans celui des lois. La chambre des députés ne donnait ce nom qu'aux chemins d'une importance et d'une utilité générales; elle appelait les autres communaux. Sans doute, tous les chemins qui traversent les communes et qui leur appartiennent, sont par cela même communaux, quel que soit l'usage plus ou moins restreint qu'on en fasse. Sous ce rapport, la définition était juste, mais elle était défectueuse sous un autre point de vue. L'intention de la loi est de faire entretenir non tous les chemins communaux, mais seulement ceux qui ont assez d'importance, d'étendue pour être consacrés au public, et de varier l'emploi des ressources qu'elle a créées suivant les divers degrés d'utilité de chacun d'eux. Ils ne pouvaient être désignés que sous le nom générique de chemins vicinaux, c'est-à-dire de voies qui conduisent dans le voisinage. Evidemment, cette dénomination comprend tous les moyens de communication dont l'autorité compétente a jugé à propos de mettre l'entretien à la charge du public. Elle embrasse dans sa généralité, non-seulement les chemins que la loi appelle de grande communication qui peuvent servir à un canton, à un arrondissement, mais même ceux qui ne sont utiles qu'aux habitans entre eux; par exemple, pour aller d'un hameau à un autre de la même commune, ou pour se rendre à une fontaine, à une église, à un édifice public.

L'autorité administrative pourra donc porter sur le tableau des chemins vicinaux, et faire entretenir ces dernières voies, d'une utilité restreinte à une commune seule ou à une partie notable des habitans, même à un simple hameau. La plus grande latitude lui est laissée à cet égard. Les dispositions sont purement facultatives. Personne n'a le droit ni de la contraindre à agir, ni de l'empêcher de faire ce que les localités, les circonstances dont elle est seule arbitre pourraient lui dicter.

C'est dans ce sens que s'est exprimé d'abord M. le comte Roy, rapporteur de la commission à la chambre des pairs :

« Jusqu'à présent, disait-il, tous les chemins communaux d'un usage commun, et dont l'entretien est à la charge des communes, ont été compris sous la dénomination de chemins vicinaux.

» C'est ce qui résulte positivement de la législation dont nous venons de vous rappeler les dispositions.

» C'est aussi ce qui est clairement exprimé par l'article 381 du second projet de code rural. Ici le rapporteur transcrit le texte qu'on trouvera p. 253 de notre *Traité*.

» Mais le projet de loi divise en trois classes les chemins vicinaux :

» Ceux d'un intérêt purement communal qui, sans sortir du territoire de la commune, conduisent d'un hameau à un autre, à l'église, à une forêt, à une exploitation intérieure, que le projet désigne sous la dénomination de chemins communaux; ceux qui intéressent plusieurs communes; ceux enfin d'une utilité collective et d'un intérêt plus général pour l'agriculture, le commerce et l'industrie, tels que ceux qui conduisent aux chefs-lieux d'arrondissement, de canton, à un marché, à une rivière, à une route royale ou départementale, lesquels, selon leur importance, pourront être déclarés vicinaux.

» Ces divisions et subdivisions des chemins vicinaux sous des dénominations diverses, avec un sens différent de celui qu'elles ont eu précédemment, nous a paru avoir des inconvéniens.

» Elles ne seraient souvent pas bien entendues par les habitans des campagnes, accoutumés à un autre langage, et pour lesquels cependant la législation vicinale est plus particulièrement faite.

» Elles apporteraient de la confusion dans les lois et de l'embarras dans leur application. Et cet inconvénient serait d'autant plus grave, que le projet de loi n'est pas un code général sur les chemins vicinaux ; qu'il n'abroge pas les précédentes lois, et qu'il s'y réfère au contraire en tout ce en quoi elles ne sont pas contraires à ses dispositions.

» En maintenant, au contraire, les dénominations ordinaires dans le sens qu'elles ont toujours eu, le projet de loi en aura plus de simplicité et n'en éprouvera au fond aucune altération réelle.

» Si vous adoptez, Messieurs, notre proposition, les chemins vicinaux ne seront divisés qu'en deux classes.

» Leur classement donnera à chacun son caractère distinctif et déterminera les conditions de son existence.

» Les chemins simplement reconnus chemins vicinaux par arrêté du préfet, resteront dans le droit commun, et continueront d'être à la charge des communes sur le territoire desquelles ils sont établis.

» Ils demeureront sous la direction municipale, mais sous

la surveillance du préfet, toujours chargé de faire exécuter les lois.

» Et dans le cas où, par leur importance, des chemins devraient être dirigés ou entretenus dans un but d'utilité collective, ils seront, sur la proposition du préfet et sur l'avis des conseils d'arrondissement, déclarés par le conseil général, *chemins vicinaux de grande communication*.

» Appelés à recevoir des subventions sur les fonds du département, c'est au conseil-général qu'il appartient d'en faire le classement.

» Classés dans un intérêt collectif, ils ne peuvent être placés que sous l'autorité supérieure du préfet.

» Ainsi, Messieurs, le classement des chemins vicinaux les placera dans des situations différentes, mais il n'en changera pas la nature. Les chemins à la charge de l'état sont considérés comme des dépendances du domaine public (art. 538 du Code civil); mais les chemins vicinaux font partie des biens communaux, à la propriété desquels les habitans d'une ou de plusieurs communes ont un droit acquis (art. 542); et c'est par cette raison que la charge de leur construction, de leur entretien et des indemnités pour acquisitions de terrains nécessaires à leur établissement, est imposée aux communes dans l'étendue de leur territoire. »

Dans le cours de la discussion approfondie qui eut lieu à la chambre des pairs, un membre, M. le marquis Barthélemy, demanda qu'il fût bien expliqué que les communications qui ne servaient qu'aux habitans d'une commune, soit pour aller d'un hameau à l'autre, soit pour se rendre à une fontaine, à un port, à une église, pourraient être considérées comme vicinales, et à ce titre classées par le préfet. Mais les ministres des affaires étrangères et de l'intérieur s'opposèrent à ce que ces détails fussent insérés dans la loi. Ils déclarèrent que cela était inutile ; que l'administration avait tout pouvoir sur ce point ; qu'il fallait lui laisser son libre arbitre et ne point l'enchaîner par une spécification ; que la généralité des termes de l'article comprenait ce qui était demandé ; en conséquence l'amendement fut retiré par son auteur, et lorsque la loi retourna à la chambre des députés, par suite des changemens qu'y avait faits la chambre des pairs, M. Vatout s'exprima ainsi, dans son rapport :

« .... Il reste bien entendu que les chemins uniquement destinés à l'usage intérieur de la commune ne sont pas déshérités du bénéfice de la loi ; de sorte que toutes les fois que l'importance d'un de ces chemins sera démontrée, le préfet, usant du droit que lui donne la loi du 28 juillet 1824, pourra le reconnaître comme chemin vicinal ordinaire, et le faire ainsi participer aux ressources réservées pour cette classe de chemins. »

La commission de la chambre des pairs avait proposé d'ajouter à l'article 1er, après les mots à la charge des communes, ceux-ci : *sur le territoire desquelles ils sont établis ;* mais le gouvernement s'est opposé à cet amendement, par le motif qu'il eût lié l'administration et eût souvent produit d'injustes conséquences, en ce qu'il aurait pu arriver qu'un chemin aurait traversé une commune sans lui servir, et eût été utile presque exclusivement à une autre sur le territoire de laquelle il n'aurait fait que prendre naissance.

On ajoutait que la charge devant être proportionnée au bénéfice, l'obligation d'entretenir ou réparer devait être imposée aux communes, eu égard à l'usage et à la détérioration, sans considérer l'étendue du parcours sur tel ou tel territoire. Ces raisons ont prévalu et l'amendement a été rejeté.

C'est par des motifs absolument identiques que ces expressions *sur le territoire desquelles ils sont établis*, avaient été retranchées par la chambre des députés du projet de la commission. Les deux chambres ont donc été d'accord pour opérer la même suppression dans les projets de leurs commissions.

Il est évident que l'article ci-dessus ne comprend pas les rues et places des villes, ni même celles de l'intérieur des villages et bourgs, qu'elles soient pavées ou non; elles sont régies par d'autres règles. La loi ne s'occupe que des chemins vicinaux, et sous cette dénomination on ne peut comprendre que les voies de communications extérieures aux villes, bourgs et villages.

Comme l'a dit M. le comte Roy, la loi nouvelle n'est point un code complet sur la matière; elle a seulement pour but d'apporter quelques modifications à la législation antérieure; par conséquent, celle-ci est maintenue en vigueur dans toutes celles de ses dispositions auxquelles il n'est rien changé. Il s'ensuit que l'art. 1er de la loi du 28 juillet 1824 doit être encore exécuté: c'est aux préfets de reconnaître et de déclarer la vicinalité, de fixer la direction et la largeur des chemins, sur les délibérations des conseils municipaux. Si l'art. 1er de la loi nouvelle ne rappelle pas celle de 1824, c'est que d'une part celle-ci n'est point la seule qui ait réglé en ce point les attributions administratives, et que de l'autre ces mêmes attributions pourraient être changées par une loi subséquente. On a pensé avec raison qu'il suffisait de dire d'une manière générale: *les chemins vicinaux* LÉGALEMENT RECONNUS, pour faire complètement comprendre qu'on devait s'en référer à la législation antérieure, puisque celle actuelle ne contient aucune règle à cet égard. Il est bien entendu que la généralité des termes de l'art. 1er embrasse le passé et le futur, c'est-à-dire tant les chemins reconnus vicinaux avant la loi que ceux qui le seraient à l'avenir. Un amendement avait été proposé à la chambre des députés pour faire spécifier les deux cas. Il n'eut pas de suite, sur l'observation du président de la chambre que cela était de droit.

Nous renvoyons au surplus à ce que nous avons dit dans le chapitre 2 de notre *Traité des Chemins*. Les principes que nous y avons développés ne sont nullement modifiés par la loi que nous commentons.

ARTICLE II.

TEXTE.

« En cas d'insuffisance des ressources ordinaires des communes, il sera pourvu à l'entretien des chemins vicinaux, à l'aide, soit de prestations en nature, dont le maximum est fixé à trois journées de travail, soit de centimes spéciaux en addition au principal des quatre contributions directes, et dont le maximum est fixé à cinq.

» Le conseil municipal pourra voter l'une ou l'autre de ces ressources, ou toutes les deux concurremment.

» Le concours des plus imposés ne sera pas nécessaire dans les délibérations prises pour l'exécution du présent article. »

COMMENTAIRE.

Cet article fait plusieurs innovations à la loi du 28 juillet 1824; la plus notable, celle qui a été le plus débattue dans les chambres, et qui n'a passé qu'après des épreuves douteuses et à la plus faible majorité, est relative au concours des plus imposés admis par la précédente, repoussé par la nouvelle.

Il est bien entendu que les expressions : le concours des plus imposés *ne sera pas nécessaire*, contiennent une exclusion absolue et non une faculté de s'en passer ou de les appeler à la volonté des membres du conseil municipal. En matière d'attribution tout est de rigueur. Le conseil municipal seul tient de la législation existante le pouvoir de voter les fonds nécessaires à la réparation des chemins. Pour qu'il y eût exception à cette règle, et que dans certains cas ce conseil eût la faculté de s'adjoindre les plus imposés, il faudrait trouver cette faculté expressément énoncée dans la loi. Autrement, cette adjonction d'hommes sans pouvoir vicierait essentiellement les votes et délibérations qui seraient par conséquent privés de toute efficacité. Cela a été convenu dans la discussion à la chambre des députés. A la chambre des pairs, ceux qui demandaient le concours des plus imposés, entendaient bien aussi que l'article déjà adopté excluait le concours d'une manière absolue.

Ce n'est d'ailleurs que pour *l'entretien* des chemins, et seulement en cas d'insuffisance des ressources ordinaires des communes, que l'on peut avoir recours à la prestation en nature ou à l'addition au principal des quatre contributions directes. Tant que ces ressources ne sont pas épuisées ou qu'il n'est pas bien constaté que ce qui en reste ne suffit pas, les habitans sont très-fondés à s'opposer à l'impôt de la prestation ou des centimes additionnels. Dans tous les cas, le conseil municipal ne doit voter que ce qu'il est nécessaire d'ajouter aux fonds disponibles.

Le conseil municipal peut ne voter que la prestation sans les centimes additionnels. Il peut les voter concurremment. Il peut commencer par le vote des centimes, et en cas d'insuffisance, recourir aux prestations, *et vice versâ*. La plus grande latitude lui est laissée à cet égard et avec beaucoup de raison. Il est tel pays où l'on trouvera plus facilement de l'argent que des bras; dans d'autres plus pauvres, les bras abonderont, l'argent sera rare. Il y avait donc impossibilité de tracer une règle absolue, uniforme pour toutes les localités. Il fallait au contraire laisser une entière liberté à l'autorité locale. C'est d'ailleurs ce qui résulte clairement de la discussion à la chambre des députés et à celle des pairs. La commission de celle-ci avait proposé de rester dans les termes de la loi de 1824, et conséquemment d'employer la prestation après épuisement des revenus ordinaires; de n'avoir recours aux centimes additionnels qu'en cas d'insuffisance des revenus et des prestations; mais le gouvernement s'y est opposé. Il a insisté pour qu'après l'emploi des revenus, l'administration eût toute liberté de donner la préférence aux centimes additionnels sur les prestations, *et vice versâ*, ou de les employer concurremment par les raisons ci-dessus déduites. L'amendement de la commission a été repoussé.

La loi fixe le maximum des prestations et des centimes additionnels; le minimum est laissé à l'arbitrage des conseils municipaux, qui peuvent ne voter qu'une journée, une demi-journée de prestation, un centime additionnel. Cela se conçoit : l'impôt ne doit pas excéder les besoins.

On peut voir, au surplus, ce que nous disons au chapitre 7 de notre *Traité des Chemins*. Les observations que nous y avons faites s'appliquent encore aujourd'hui, sauf le taux de la prestation et les réflexions ci-dessus.

ARTICLE III.

TEXTE.

« Tout habitant, chef de famille, ou d'établissement, à titre de propriétaire, de régisseur, de fermier, ou de colon partiaire, porté au rôle des contributions directes, pourra être appelé à fournir, chaque année, une prestation de trois jours : 1° pour sa personne, et pour chaque individu mâle, valide, âgé de 18 ans, au moins, et de 60 ans, au plus, membre, ou serviteur de la famille, et résidant dans la commune ; 2° pour chacune des charrettes ou voitures attelées, et, en outre, pour chacune des bêtes de somme, de trait, de selle, au service de la famille, ou de l'établissement dans la commune. »

COMMENTAIRE.

Cet article porte à trois jours la prestation, qui, d'après la loi du 28 juillet 1824, n'était que de deux. Il ne se borne pas à assujettir à la prestation, à raison des fils du chef de l'établissement; il comprend tous les membres de la famille, quel que soit le degré de parenté.

Il décide bien nettement que, pour être assujetti à la prestation personnelle, il faut habiter, résider dans la commune ;

et nous avons dit, dans notre *Traité des Chemins*, qu'il ne fallait pas confondre l'habitation, ou résidence, avec le domicile soit civil, soit politique. On peut, en effet, avoir l'un ou l'autre domicile dans un lieu et résider dans un autre. Ce n'est donc pas alors dans la commune du domicile, mais dans celle de la résidence qu'on sera soumis à la prestation ; et la raison en est manifeste : l'impôt est fondé sur l'usage que l'on fait des chemins.

Le journalier qui aurait sa résidence dans une commune, où il coucherait et passerait les jours de repos, mais qui irait travailler tout le jour dans une autre, ne devrait rien dans celle-ci, et ne serait imposable que dans la première.

Quid du cas où, comme cela arrive aux riches propriétaires, il y aura résidence de six mois dans une commune, et de pareil tems dans une autre : y aura-t-il lieu à prestation dans les deux communes?

Oui, sans doute, puisqu'il y a usage des chemins des deux communes, et que lors même que l'habitant aurait acquitté la prestation pour toute l'année dans une commune, l'autre ne profiterait pas de ce paiement. Cette interprétation de la loi résulte de la discussion à la chambre des députés. Quant à celui qui, sans résider successivement dans deux communes, y a cependant deux établissemens, il ne doit, dans celle où il ne réside pas, la prestation que pour son régisseur, ses domestiques, chevaux, voitures.

Mais nous pensons que la loi, en fixant le maximum de la prestation, n'ayant pas obligé les communes à l'exiger, et leur laissant conséquemment la faculté de n'assujettir le propriétaire qu'à une contribution moindre, les conseils municipaux pourraient prendre en considération que la résidence n'a été que temporaire, et y proportionner le taux de la prestation.

La loi ne détermine pas positivement, pour le chef de famille ou d'établissement, l'âge et le sexe, comme elle le fait pour les individus vivant avec lui ; mais le silence de la loi s'explique par le désir d'éviter des répétitions d'autant plus inutiles que, dans les deux cas, la raison de décider est absolument la même.

Ainsi l'on ne pourra exiger la prestation individuelle que du chef d'établissement ou de famille, mâle, valide, âgé de 18 ans au moins, de 60 au plus.

La femme, la veuve, la fille, l'interdit n'y seront donc pas assujettis pour eux, mais seulement pour les membres de leur famille ou de leur domesticité, qui auraient les qualités requises.

Le prodigue, auquel un curateur aurait été nommé, ne pourrait être dispensé de la prestation par cette seule raison, si le conseil municipal le trouvait valide.

Le chef d'établissement ou de famille est personnellement garant de l'acquit de la prestation ; il ne pourrait s'en décharger en renvoyant la commune l'exiger des membres de sa famille ou de sa domesticité. On suppose, avec raison, qu'il a le pouvoir de faire exécuter les travaux par eux ; mais il est bien entendu qu'il n'est obligé à la prestation que pour les parens qui habitent chez lui, et pour ses serviteurs et domestiques qui sont dans le même cas. Il en est autrement des ouvriers qu'il emploie à la journée et qui ont leur habitation séparée de la sienne. Du reste, le chef d'établissement n'est pas tenu d'acquitter par lui-même, ni par les membres de sa famille, ou de sa domesticité, et matériellement, les travaux auxquels ils sont assujettis. Ils peuvent les faire exécuter par d'autres. On connaît le grand principe : *Nemo potest cogi ad actum*. Ce qui est exigé, c'est un nombre de journées de travail proportionné à celui des individus mâles et valides. Il y aura souvent avantage à ce que les ouvrages soient exécutés par des tiers plus experts que ceux qui y sont personnellement tenus.

Il y a, quant à la prestation à raison des charrettes et des voitures, un changement de rédaction qui nous paraît en amener aussi un dans les principes que nous avons developpés à la 4e édition de notre *Traité des Chemins*.

La loi du 28 juillet 1824 obligeait l'habitant à une prestation de deux journées pour chaque charrette en sa possession ; elle ne parlait pas des voitures de luxe, mais seulement des chevaux de selle ou d'attelage de luxe. L'art. 3 de la nouvelle loi exige une prestation de trois journées pour chacune des *charrettes* ou *voitures attelées*.

Il faut tirer de là plusieurs conséquences : la première, c'est que, sous les dénominations de charrettes et voitures, on comprend tout ce qu'il est possible de concevoir en ce genre ; par conséquent, même les diligences, les berlines, calèches, etc. ; et cela avec infiniment de raison, car à l'aide de ces moyens de transport, on se sert des chemins, et on les dégrade. Ce sont même les personnes les plus riches qui en usent ainsi ; elles doivent payer. Que, si l'on objecte qu'une calèche ne peut être employée à la confection des réparations, au transport des matériaux ou des outils, nous répondrons qu'il ne s'agit pas de faire travailler telle ou telle voiture, mais de proportionner l'impôt à l'usage qu'on fait du chemin, et que le propriétaire de la calèche se procurera aisément une voiture plus propre aux réparations pendant les trois jours qu'il doit fournir. Cela résulte de la discussion de la chambre des députés.

La seconde conséquence, c'est qu'il faut que les charrettes ou voitures soient *attelées*. Ainsi, celui qui aurait une charrette ou une voiture sans chevaux ou autres animaux, comme cela arrive quelquefois, et qui, par conséquent, ne se servirait que très-rarement de ces moyens de transports, le carrossier et le charron qui fabriqueraient des charrettes ou des voitures pour les vendre, ne pourraient être assujettis à des prestations, à raison de celles qu'ils auraient en magasin, sauf néanmoins l'application de l'art. 14, dont nous parlerons plus bas.

La loi n'assujettit à la prestation individuelle que le chef de famille ou d'établissement qui habite et est porté au rôle des contributions directes. La réunion de toutes ces conditions est donc indispensable pour que l'imposition puisse avoir lieu.

Les mots Chef d'établissement sont très-vagues, et laissent par conséquent à l'autorité la plus grande latitude pour soumettre qui bon lui semble à la prestation, pourvu qu'il habite et figure au rôle des contributions. Qu'est-ce, en effet, qu'un établissement? A peu près tout ce que l'on veut.

Ainsi, le célibataire qui n'aura aucun parent avec lui, mais qui habitera et sera porté au rôle, ne fût-ce que pour l'impôt personnel, pourra être assujetti à la prestation, quoiqu'il ne soit pas chef de famille, qu'il n'ait pas de domestiques, de chevaux ou de voitures.

A plus forte raison, en sera-t-il ainsi, s'il a des domestiques, chevaux, voitures, etc.

On peut voir, sur plusieurs autres questions, notre *Traité des Chemins*, pages 329 et suivantes. Leur solution devant être aujourd'hui la même que sous l'empire de la loi de 1824, à l'exception des points que nous venons de signaler, nous croyons devoir y renvoyer pour éviter d'inutiles répétitions.

Toutefois, nous devons encore faire remarquer que la chambre des députés avait inséré dans l'art. 3 un paragraphe final ainsi conçu : « Chaque année, le conseil municipal, lors de la formation du rôle, désignera les habitans qu'il croira devoir exempter de la prestation » ; mais qu'il a été supprimé par la chambre des pairs, sans discussion, sur la proposition de la commission et du consentement du gouvernement.

M. Feutrier a expliqué ce retranchement dans les termes suivans :

« La commission propose de retrancher le dernier alinéa, qui laisse au conseil municipal la désignation des habitans qui, à raison de leur indigence, seraient exceptés de la prestation.

» Cette faculté, que ne donnait pas la loi de 1824, lui a paru prêter à l'arbitraire.

» Elle n'a pas accueilli non plus la proposition faite par le gouvernement d'affranchir les habitans qui ne sont portés qu'au rôle de la contribution personnelle. Dans certains départemens, il n'est pas imposé de contribution mobilière, ou elle est imposée dans des proportions fort inégales.

» Il a paru qu'il était satisfait à tout par les art. 2 et 7 de la loi du 26 mars 1831 sur les contributions personnelle et mobilière.

» La distraction des indigens est faite au rôle de l'une et l'autre contribution par les répartiteurs, de concert avec le maire et l'adjoint, en présence du contrôleur. Il n'y a ni motif, ni convenance pour recommencer cette opération, faite une première fois avec maturité. Les habitans, devenus indigens depuis l'émission du rôle, sont portés sur l'état des cotes irrecouvrables. »

Article iv.

TEXTE.

« La prestation sera appréciée en argent, conformément à la valeur qui aura été attribuée annuellement pour la commune à chaque espèce de journée par le conseil-général, sur les propositions des conseils d'arrondissement.

« La prestation pourra être acquittée en nature ou en argent, au gré du contribuable. Toutes les fois que le contribuable n'aura pas opté dans les délais prescrits, la prestation sera de droit exigible en argent. La prestation, non rachetée en argent, pourra être convertie en tâches, d'après les bases et évaluations de travaux préalablement fixées par le conseil municipal. »

COMMENTAIRE.

Cet article ne donne lieu qu'à de très-courtes observations.

Il ne fixe pas les délais dans lesquels devra s'exercer l'option du contribuable entre la prestation en nature ou en argent; ces délais seront déterminés par le préfet dans le règlement que l'un des derniers art. (21) l'oblige à faire.

La commune a le pouvoir de convertir en tâches la prestation non rachetée en argent; mais le contribuable n'a pas le droit d'exiger cette conversion qui est purement facultative pour l'autorité ; elle peut faire exécuter les tâches par qui bon lui semble.

L'article que nous examinons portait, dans sa rédaction adoptée par la chambre des députés, la disposition finale suivante : « Elle (la prestation) ne sera jamais employée » hors du territoire de la commune, à moins d'une offre » spéciale du conseil municipal. »

Mais cette disposition a été retranchée à la chambre des pairs ; elle paraissait effectivement être en contradiction avec les articles 1 et 6. Lorsqu'un même chemin intéresse plusieurs communes, les dépenses à la charge de chacune doivent être proportionnées aux détériorations qu'elle leur cause, au degré d'intérêt qu'elle a aux travaux ; il faut par conséquent, qu'au moins, dans ce cas, le préfet puisse prescrire l'emploi de la prestation au delà de la commune qu'habite celui qui l'acquitte. Autrement, les chemins manqueraient souvent des réparations qui leur sont nécessaires.

Cela a été reconnu dans le rapport de M. Vatout, quand la loi amendée par la chambre des pairs a été soumise de nouveau à celle des députés :

« L'article 4, y est-il dit, ne renferme plus le paragraphe où il était énoncé que la prestation ne serait jamais employée hors du territoire de la commune. L'adoption de l'art. 6 s'accordait mal avec cette disposition. En effet, comment la concilier avec le droit donné au préfet de faire contribuer, soit en centimes, soit en prestations, à un chemin vicinal ordinaire situé sur le territoire d'une seule commune, les communes environnantes intéressées à ce chemin? D'ailleurs, on a pensé que cette appréciation appartenait aux autorités locales, qui devront en user avec une excessive réserve, et seulement dans les cas d'une absolue nécessité. »

Il est donc bien entendu que le préfet a un pouvoir discrétionnaire pour obliger les communes à exécuter des travaux sur le territoire d'une autre; que son exercice n'est subordonné qu'aux circonstances dont il est l'appréciateur.

Toutefois, nous croyons que le pouvoir du préfet n'est point absolu et sans contrôle. Il nous paraît incontestable que les communes ou les habitans qui seraient froissés par cette mesure auraient le droit de s'opposer à son exécution, et de porter leur réclamation devant le conseil de préfecture, puis ensuite au conseil-d'état.

Nous admettons les mêmes recours en faveur de ceux qui auraient été indûment portés sur les rôles comme habitans, comme valides ou non indigens, ou pour un nombre de chevaux et de voitures plus grand que celui qu'ils possèdent ou qui sont imposables. Dès qu'on suit pour les prestations le même mode que pour le recouvrement des contributions directes, les individus imposés ont le droit incontestable de réclamer devant le conseil de préfecture, et d'appeler ensuite au conseil-d'état. S'il en était autrement, toutes les erreurs, tous les abus de pouvoir qui s'introduiraient dans la confection des rôles demeureraient sans redressement. et beaucoup de personnes seraient assujetties à un impôt dont cependant la loi les affranchissait. La loi nouvelle ayant gardé le silence sur les voies de recours, on est resté dans les termes du droit commun, et par conséquent, les intéressés peuvent, comme nous l'avons déjà dit, réclamer devant les deux juridictions administratives. Cela a été reconnu par divers orateurs de la chambre des pairs, qui ont demandé et obtenu la suppression des mots *en conseil de préfecture* qui se trouvaient dans l'art. 13. Ils ont expliqué que ce conseil ne pouvait donner son avis sur une affaire qu'en cas de contestation il était appelé à juger. Or, rien n'autorisant à penser que sa compétence soit limitée à ce cas, il faut nécessairement admettre le principe comme général. D'ailleurs; ces voies de recours sont établies par l'art. 5 de la loi du 28 juillet 1824, qui n'est pas abrogé en ce point.

ARTICLE V.

TEXTE.

« Si le conseil municipal, mis en demeure, n'a pas voté dans la session désignée à cet effet les prestations et centimes nécessaires, ou si la commune n'en a point fait emploi dans les délais prescrits, le préfet pourra d'office, soit imposer la commune dans les limites du maximum, soit faire exécuter les travaux. Chaque année, le préfet communiquera au conseil-général l'état des impositions établies d'office en vertu du présent article. »

COMMENTAIRE.

Cet article est clair; sa disposition est simple et ne peut donner lieu à de graves difficultés.

C'est au préfet à mettre la commune en demeure de voter les prestations ou d'exécuter les travaux. La forme de la mise en demeure et les délais après lesquels il peut agir, doivent être déterminés par le règlement qu'il est chargé de faire.

Rien n'est plus facile que l'exercice du pouvoir qui lui

est conféré. Il déterminera le nombre des prestations qui sont, comme nous l'avons vu, acquittables en argent après un certain délai. En dressant un rôle des sommes à la charge de ceux qui ne veulent pas acquitter la prestation en nature, il peut faire exécuter les travaux par des tiers, et faire ensuite poursuivre les redevables par le percepteur, pour le montant du rôle déclaré exécutoire.

ARTICLE VI.

TEXTE.

« Lorsqu'un chemin vicinal intéressera plusieurs communes, le préfet, sur l'avis des conseils municipaux, désignera les communes qui devront concourir à sa construction ou à son entretien, et fixera la proportion dans laquelle chacune d'elles y contribuera. »

COMMENTAIRE.

Cet article est aussi fort simple et fort clair. Nous n'avons donc besoin de faire aucune observation pour l'intelligence de son texte. Nous renvoyons, au surplus, à ce que nous avons déjà dit sur les art. 1 et 4.

Nous ferons seulement remarquer qu'un député ayant proposé un amendement tendant à ce que les décrets des 20 février, 20 juin 1810, 4 août 1811 et 22 décembre 1812, sur la création et les pouvoirs de la commission mixte des travaux publics, et qui assujettissent à des règles particulières la construction des chemins vicinaux traversant les fortifications, fussent abrogés et déclarés inapplicables à ces chemins, cet amendement fut repoussé par la raison que l'abrogation qu'on voulait introduire était fort grave, demandait beaucoup de réflexion et d'examen, et ne pouvait trouver place dans la loi actuelle.

La loi nouvelle est donc inapplicable aux chemins vicinaux qui traversent les fortifications, et qui demeurent régis par les décrets ci-dessus, dont nous croyons inutile de reproduire les dispositions : on les trouvera au *Bulletin des lois*.

SECTION II. — CHEMINS VICINAUX DE GRANDE COMMUNICATION.

ARTICLE VII.

TEXTE.

« Les chemins vicinaux peuvent, selon leur importance, être déclarés vicinaux de grande communication par le conseil-général, sur l'avis des conseils municipaux, des conseils d'arrondissement, et sur la proposition du préfet. Sur les mêmes avis et proposition, le conseil-général détermine la direction de chaque chemin vicinal de grande communication, et désigne les communes qui doivent contribuer à sa construction ou à son entretien.

» Le préfet fixe la largeur et les limites du chemin, et détermine annuellement la proportion dans laquelle chaque commune doit concourir à l'entretien de la ligne vicinale dont elle dépend ; il statue sur les offres faites par les particuliers, associations de particuliers ou de communes. »

COMMENTAIRE.

Aux termes de l'article 1er, les chemins simplement vicinaux sont ceux qui ont été déclarés tels dans les formes légales, c'est-à-dire par arrêtés de préfet.

Les conseils-généraux ne peuvent-ils choisir les voies de grande communication que dans le nombre de ces chemins? Pour la négative, on peut dire qu'une telle restriction n'est pas dans l'esprit de la loi. Il existe un certain nombre de chemins vicinaux, même fort importans, qui, par une négligence impardonnable, n'ont été classés et portés sur aucun tableau. Il faut bien que les conseils-généraux puissent les ranger parmi les voies vicinales de grande communication, sans quoi le service public en souffrirait. Cette solution paraît surtout raisonnable, si l'on fait attention que c'est non pas d'office, mais sur la délibération des conseils municipaux et la proposition des préfets, qu'intervient la déclaration du conseil-général. Or, ce sont précisément là les formalités exigées pour la simple déclaration de vicinalité. Au surplus, ce serait une puérilité que de tenir à la déclaration préalable, qui ne serait qu'une vaine formalité. Le préfet pourrait toujours la remplir, et à l'instant même soumettre sa proposition au conseil-général. Malgré ces raisons, nous adoptons l'opinion contraire. L'art. 7 nous paraît formel. Le chemin doit avoir été préalablement classé et les intéressés doivent avoir été mis à même d'attaquer l'arrêté du préfet touchant la vicinalité, droit qu'ils n'auraient pas contre celui du conseil-général, comme nous allons l'établir.

Une question importante et difficile, est celle de savoir si les particuliers ou les communes intéressés pourraient attaquer devant le ministre de l'intérieur la décision du conseil-général, soit qu'elle élève au rang de voies de grande communication des chemins déjà classés, soit qu'elle statue sur tous autres objets placés dans ses attributions par la nouvelle loi. Pour l'affirmative on peut dire que quand le préfet avait le pouvoir de classer tous les chemins sans distinction, ce droit était incontestable contre les arrêtés qu'il rendait, et que le changement de juges n'a pu le faire perdre aux parties. Cependant il faut reconnaître qu'un pareil recours ne peut être exercé, qu'aucune loi ne donne au ministre le pouvoir d'annuler les décisions des conseils-généraux, sauf les exceptions énoncées dans les art. 14, 15, 16 et 17 de la loi du 22 juin 1833; il arrivera quelquefois aussi que ces décisions seront annulées par le fait, quand elles seront contraires à la proposition du préfet.

Le conseil-général détermine la direction de chaque chemin, c'est-à-dire les territoires à travers lesquels il doit passer, et désigne les communes qui doivent contribuer à sa construction ou à son entretien. Ainsi son pouvoir n'est pas limité à statuer sur les réparations des chemins; il s'étend et s'exerce aussi sur les constructions de voies de grande communication.

Quand le conseil-général a déterminé la direction de chaque chemin et désigné les communes qui doivent contribuer à sa construction ou à son entretien, le préfet est chargé de faire une application plus spéciale de la mesure, en fixant la largeur et les limites du chemin, par conséquent aussi son emplacement et la proportion dans laquelle chaque commune doit contribuer aux travaux.

Un amendement, proposé par un député et reproduit par la commission de la chambre des pairs, voulait que le maximum de largeur des chemins qui ne pourrait jamais être dépassé par les préfets, fût fixé par la loi à 6 mètres, outre 3 mètres pour les fossés. Mais le gouvernement s'y opposa et soutint que la plus grande latitude devait être laissée à cet égard à l'administration, à cause de l'extrême variété des localités et des besoins de la population ; l'amendement a en effet été repoussé par les deux chambres. Il suit de là que l'on a voulu changer la loi du 9 ventose an XIII, qui tout en déclarant maintenir la largeur des chemins alors existant lorsqu'elle excéderait 6 mètres, défendait de la porter au delà quand il y aurait lieu à élargissement. Ainsi, l'administration pourra réduire à moins de 6 mètres les anciens chemins qui excèdent cette largeur ; elle pourra porter au delà ceux qui ne l'ont pas ; faire établir des fossés et des plantations. Ce pouvoir est le même pour les chemins vicinaux ordinaires que pour ceux de grande communication ; il s'étend à tous les chemins sans distinction. Il faut convenir que c'est une bien grande extension de la puissance administrative, et une exception au système général suivi jusqu'à ce jour ; car même pour les routes royales et départementales, nos lois ont établi un maximum de largeur qu'il n'est pas permis de dépasser. Des abus peuvent naître de cette omnipotence, et l'obligation imposée aux préfets de fixer par leur règlement le maximum de largeur, n'y a pas suffisamment remédié.

ARTICLE VIII.

TEXTE.

« Les chemins vicinaux de grande communication, et dans des cas extraordinaires les autres chemins vicinaux pourront recevoir des subventions sur les fonds départementaux. Il sera pourvu à ces subventions au moyen des centimes facultatifs ordinaires du département, et de centimes spéciaux votés annuellement par le conseil-général. La distribution des subventions sera faite en ayant égard aux ressources, aux sacrifices et aux besoins des communes, par le préfet qui en rendra compte chaque année au conseil-général. Les communes acquitteront la portion des dépenses mise à leur charge au moyen de leurs revenus ordinaires; et en cas d'insuffisance, au moyen de deux journées de prestation sur les trois journées autorisées par l'art. 2, et des deux tiers des centimes votés par le conseil municipal en vertu du même article. »

COMMENTAIRE.

Cet article a créé une ressource que n'avait point établie la législation précédente. Il porte que les chemins vicinaux de grande communication pourront recevoir des subventions sur les fonds départementaux. En fait, il était arrivé assez souvent que des fonds départementaux avaient été versés sur les voies vicinales; mais d'une part cette mesure était illégale, et de l'autre elle était partielle, insuffisante, incomplète.

Faisons bien attention à la nature de la ressource qu'on vient de créer; c'est une subvention, par conséquent un secours subsidiaire qui ne peut être réclamé qu'en cas d'insuffisance des ressources ordinaires. Les communes doivent d'abord employer leurs revenus, ensuite deux des trois journées de prestation et les deux tiers des centimes votés par le conseil municipal. Ces ressources épuisées, elles auraient recours aux fonds départementaux pour achever leurs travaux.

Il importera donc bien, dans le concours de chemins vicinaux ordinaires et de ceux de grande communication qui exigeraient simultanément des travaux, de distribuer les ressources de manière à laisser pour ceux-ci la portion de prestations et de centimes additionnels déterminée par l'art. 8. C'est un minimum qui ne peut jamais être détourné de sa destination, bien que l'on puisse le dépasser, si les chemins ordinaires n'employaient pas le surplus des prestations et des centimes, comme on peut consacrer à ceux-ci la totalité des ressources quand les autres n'en ont pas besoin.

Du reste, il est bien entendu que lorsque des travaux indispensables exigent qu'il soit ajouté par des contributions extraordinaires au produit des prestations et des centimes, il y est pourvu conformément aux lois par des ordonnances royales. On peut voir sur ce point les art. 39 et 41 de la loi du 15 mai 1818. Cette disposition existait dans la loi du 28 juillet 1824; elle n'est pas reproduite dans la nouvelle. Mais elle n'est pas abolie, et, par conséquent, elle subsiste toujours d'après l'art. 22. A la chambre des pairs, on demanda qu'elle fût abrogée; mais le gouvernement s'y opposa formellement. Il ajouta d'ailleurs qu'une loi générale, celle de 1818, y avait pourvu, que sa disposition s'appliquait nécessairement à tous les travaux, à toutes les dépenses des communes, conséquemment aux chemins vicinaux. La proposition n'eut pas de suite. Le concours des plus imposés est nécessaire pour le vote des contributions extraordinaires.

ARTICLE IX.

TEXTE.

« Les chemins vicinaux de grande communication sont placés sous l'autorité du préfet. Les dispositions des art. 4 et 5 de la présente loi leur sont applicables. »

COMMENTAIRE.

Les chemins vicinaux ordinaires sont placés sous l'autorité immédiate des maires ; ceux de grande communication, sous l'autorité des préfets ; ce qui n'empêche pas que les uns et les autres fonctionnaires ne doivent concourir à en assurer, par une exacte surveillance, le bon état et la libre possession au public.

(Voyez, d'ailleurs, ce que nous avons dit sur les art. 4 et 5.)

DISPOSITIONS GÉNÉRALES.

ARTICLE X.

TEXTE.

« Les chemins vicinaux reconnus et maintenus comme tels, sont imprescriptibles. »

COMMENTAIRE.

Cet article tranche une question qui était vivement controversée entre les jurisconsultes.

Les uns soutenaient que les chemins vicinaux, même classés, étaient prescriptibles par une possession de trente ans, parce que la possession exclusive d'un particulier pendant un si long tems, prouvait que la commune avait retranché ces chemins du tableau des voies publiques, et qu'il n'était pas même besoin, pour cela, qu'il existât un acte écrit ordonnant ce retranchement.

D'autres prétendaient, au contraire, que les chemins, même non classés, ni portés régulièrement sur les états administratifs, comme vicinaux, mais qui cependant servaient au public, étaient imprescriptibles par quelque laps de tems que ce fût.

La chambre des députés avait adopté un article fort vague, et portant seulement que les chemins vicinaux étaient imprescriptibles. La chambre des pairs a précisé et restreint l'imprescriptibilité à ceux reconnus et classés.

Ni dans le rapport fait à la chambre des députés, ni dans celui fait à la chambre des pairs, nous ne trouvons un seul mot pour expliquer et motiver cette disposition. Elle n'a donné lieu, dans la première chambre, à aucune discussion, et l'on dirait qu'elle y a passé inaperçue. A la chambre des pairs, elle a donné lieu à une courte discussion, que nous devons reproduire, avant de déterminer l'application de l'article que nous examinons :

« *M. le président Boyer.* Cet article contient une dérogation aux dispositions expresses du Code civil. Dans la législation actuelle, l'imprescriptibilité ne s'applique pas même au domaine de l'État, et la preuve en est dans l'art. 2227 de ce code. Cet article est corroboré par l'art. 541. Par ces deux articles, il demeure constant que les propriétés de l'État ne sont pas exemptes de la prescription. Il me semble que l'on déroge d'une manière peu réfléchie à des dispositions aussi formelles ; je regrette de n'avoir pas trouvé dans le rapport de la commission l'indication des motifs de cette dérogation. Il serait dangereux d'introduire, dans une loi qui n'a pas pour objet la prescriptibilité, un article qui contient une dérogation si formelle aux principes généraux. Il serait plus sage de s'en remettre à la législation existante, afin d'éviter les difficultés qui pourraient naître dans les tribunaux sur l'exception qu'on semble introduire en faveur des chemins qui appartiennent aux communes. Je demande la suppression de cet article. »

M. Girod de l'Ain. « Il y a un mal entendu. On peut prescrire contre l'État, contre les communes, pour les propriétés en quelque sorte à titre privé, et qu'ils possèdent, mais non pas contre certaines propriétés du domaine public. On ne prescrit pas les rivières navigables, les grandes routes. C'est pour y assimiler les chemins vicinaux que la loi contient cet article, conforme au contraire à tous les principes.

M. le comte Roy. « Les chemins vicinaux doivent être considérés sous deux rapports : sous le rapport du service public auquel ils sont affectés, et sous celui de la propriété.

» Sous le premier rapport, ils ne sont point dans le commerce ; et, par conséquent, ils sont du nombre des choses qu'on ne peut prescrire, aux termes de l'art. 2,226 du Code civil.

» Sous le second rapport, ils sont prescriptibles, puisque, d'après les dispositions du même Code, l'Etat, les établissemens publics et les communes sont soumis aux mêmes prescriptions que les particuliers.

» Il faut donc admettre que les chemins vicinaux sont

imprescriptibles, lorsque, classés comme chemins vicinaux, ils sont affectés au service public.

« Mais s'ils devenaient inutiles, si la servitude à laquelle ils sont assujettis envers le public cessait d'exister, et si l'autorité compétente les replaçait dans le domaine ordinaire des communes, ils seraient, comme leurs autres biens, susceptibles de prescription. »

» Nous croyons donc, pour prévenir toute équivoque, que l'article doit être amendé, comme nous le proposons, par l'amendement que nous avons remis à M. le président, et qu'il faut dire : Les chemins vicinaux, reconnus et maintenus comme tels, sont imprescriptibles. »

M. le président Boyer. « Les chemins ne sont pas toujours entretenus dans l'état où ils ont été faits; il arrive quelquefois des usurpations sur ces chemins, et, souvent, ils tombent en désuétude, sans qu'il y ait cependant un acte de l'autorité publique qui les ait déclassés; ils deviennent alors susceptibles d'être prescrits. Dans ce cas-là, il me semble qu'il n'y a pas nécessité d'établir dans la loi le principe relatif à l'imprescriptibilité des chemins vicinaux, puisqu'on n'a pas cru qu'il y eût un motif d'introduire, dans le Code civil, une imprescriptibilité des autres propriétés du domaine de l'Etat. »

M. le président. « Vous avez entendu les objections contre l'article et l'amendement. Je vais mettre aux voix l'amendement de la Commission. »

(Il est adopté.)

Quel est le sens, quel sera l'effet de l'article 10?

Nous avons déjà dit que la chambre des députés l'avait rédigé ainsi : Les chemins vicinaux sont imprescriptibles.

Cette rédaction, d'une grande brièveté, était aussi trop vague, trop absolue.

Comprenait-elle tous les chemins vicinaux, quoique non encore déclarés tels, et l'imprescriptibilité devait-elle commencer, non de la date de l'acte du préfet qui aurait proclamé la vicinalité, mais de l'époque où il l'aurait fait remonter? Par exemple, un particulier, actionné par une commune pour avoir usurpé un chemin, prétend en être propriétaire, parce que, pendant trente ans avant l'action, il l'a entièrement labouré, en a recueilli les fruits et l'a même enclos dans sa cour. La commune alors se pourvoit devant le préfet, qui prend un arrêté par lequel, à la suite d'enquêtes et de vérifications de lieux, il déclare que le chemin est vicinal depuis 40 ans. Cette commune aurait-elle pu, revenant devant le tribunal, opposer que l'arrêté n'est point constitutif, mais déclaratif de vicinalité; que, par conséquent, l'imprescriptibilité a commencé avec le fait de publicité ou vicinalité, et que le particulier, ne possédant que depuis l'existence de ce fait, n'a point eu une possession valable?

Au premier aspect, la décision peut ne pas sembler très-facile.

Est-elle aujourd'hui encore sans difficulté avec l'addition faite par la chambre des pairs des mots *reconnus* et *maintenus?* La question que pouvait faire naître la première rédaction ne subsiste-elle pas en présence de la seconde?

Ne peut-on pas dire encore que si la chambre des pairs avait eu l'intention que l'imprescriptibilité ne commençât que de la date de l'acte administratif qui aurait reconnu et maintenu la vicinalité, sans rétroaction à l'époque où cet acte constaterait qu'elle a existé, elle se serait exprimée d'une manière limitative en disant par exemple que les chemins sont imprescriptibles à partir de la date de l'acte administratif de maintenue? Ne peut-on pas toujours objecter que la maintenue de vicinalité n'est point constitutive, mais déclarative, et que d'après la jurisprudence du conseil-d'état rappelée dans notre *Traité des Chemins*, pages 407 et suivantes, l'arrêté du préfet a un effet rétroactif quand il a pris soin de déclarer l'époque où la vicinalité a commencé, tellement que le conseil de préfecture devient compétent pour réprimer la contravention commise sur un chemin qui n'est reconnu public qu'après cette contravention et la citation donnée devant lui?

Nous eussions désiré plus de précision dans l'énonciation d'un principe si important et si gravement controversé. Nous regrettons que sa consécration n'ait pas été précédée d'un examen, d'une discussion approfondis des deux chambres, qui eussent prouvé qu'on en avait bien senti et calculé toute la portée, et que la question avait été envisagée sous toutes ses faces.

Toutefois notre opinion personnelle est que l'article dont nous nous occupons a eu pour but de ne faire partir l'imprescriptibilité que du jour de l'acte administratif qui proclame la vicinalité; cela pouvait déjà s'induire de la première rédaction et de la combinaison des art. 1 et 10 du projet de loi. L'art. 1er dispose en effet que les chemins vicinaux sont ceux que le préfet a déclarés tels; donc quand l'art. 10 venait dire ensuite, les chemins vicinaux sont imprescriptibles, il restreignait l'imprescriptibilité à ceux qui avaient été déclarés tels par arrêtés du préfet. Au surplus, la rédaction de la chambre des pairs semble exprimer cette restriction d'une manière bien plus spéciale en énonçant les chemins *reconnus* et *maintenus* ; cette dernière expression surtout a une grande portée. Elle s'applique précisement aux déclarations récentes de chemins anciens et défend, implicitement de les faire rétroagir en constatant l'époque où la vicinalité a commencé. Une vicinalité *maintenue* la suppose préexistante ; et dans la réalité, lorsque le préfet ne prescrit pas l'ouverture d'un nouveau chemin, c'est toujours une vicinalité préexistante qu'il proclame, de sorte que l'addition de la chambre des pairs n'aurait plus aucun sens, si l'on n'y reconnaissait pas celui que nous lui attribuons. Comment en effet donner à l'administration le pouvoir indirect de trancher une question de propriété soumise aux tribunaux par une déclaration incidente, et qui peut être erronée, de l'époque où la vicinalité a commencé ? Comment ne pas voir que tant que le chemin n'a point été régulièrement classé et entretenu par la commune à l'aide du mode établi par la loi, il a dû être considéré comme une propriété ordinaire que les particuliers ont cru pouvoir posséder de bonne foi ? Il n'est pas possible d'admettre que le particulier qui a possédé valablement tant que le véritable caractère de la chose ne lui a pas été révélé par un acte écrit de l'administration, puisse être dépouillé et voir sa possession dénaturée par un acte qui peut n'intervenir que long-tems après l'accomplissement de la prescription et alors que le terrain a déjà passé en plusieurs mains par des mutations successives. Ne serait-ce pas jeter le trouble dans une foule de familles qui ont pu faire sur ce même terrain d'importantes et coûteuses édifications ?

Tenons donc pour certain qu'en ce qui touche à la prescriptibilité, la déclaration n'a point d'effet rétroactif, parce qu'il s'agit d'une matière spéciale qui ne peut avoir aucune analogie avec les questions de compétence dont nous avons parlé page 407 et suivantes de notre *Traité des Chemins*.

Ainsi voilà une difficulté résolue.

Mais il en reste encore plusieurs autres.

Il est aisé au législateur de poser un principe ; mais il n'est pas aussi aisé d'en faire l'application.

A notre avis, il s'appliquera même si rarement, qu'il aurait mieux valu rester dans les termes du droit commun.

D'abord, il ne régira pas cette foule de chemins communaux qui servent réellement au public, mais qui n'ont pas assez d'importance pour être portés sur les états de classement ou qui n'y sont pas inscrits à défaut de ressources pour les entretenir ; et ces voies de communication forment le plus grand nombre.

Ensuite, l'imprescriptibilité ne nous semblant résulter que de la loi nouvelle, ne pourra régir les chemins classés antérieurement, que du jour de sa promulgation, car elle n'a point d'effet rétroactif. Nous renvoyons, à cet égard, à ce que nous avons dit page 294 et suivantes de notre *Traité des Chemins*, où nous avons soutenu que le sol des chemins vicinaux était autrefois prescriptible.

Ajoutons que dans une foule de circonstances, la prescription sera le seul moyen de décider les contestations qui s'élèveront à l'occasion des chemins vicinaux même classés.

Il arrivera rarement que la direction, les limites du chemin soient établies par les actes administratifs avec assez de précision pour que l'on puisse prouver contre un riverain une anticipation sur la largeur même fixée par l'arrêté ; à moins que des bornes n'aient été plantées, ou qu'un plan géométrique n'ait été dressé, le riverain que l'on accusera d'anticipation la rejettera sur le voisin qui ne possèdera pas depuis 30 ans.

Enfin, ne peut-il pas survenir une foule de cas, d'événemens qui dénaturent le chemin, en empêchent l'usage, et le rendent prescriptible par la force même des choses ?

Par exemple, une inondation brise et bouleverse un chemin vicinal établi sur le revers d'une montagne et oblige les habitans à l'abandonner, à en établir un autre. Le propriétaire dont le chemin traversait l'héritage s'en empare, le laboure, le réunit à son fonds avec lequel il ne fait qu'un, et le possède ainsi exclusivement pendant 30 ans ? Qui osera dire qu'il n'a pas prescrit la propriété de ce chemin ? Les objets consacrés à un usage public peuvent cesser d'y être employés. L'administration peut les faire rentrer dans la classe commune des propriétés. Lorsque depuis 30 ans, elle a substitué une chose à une autre, et que pendant le même espace, un particulier a joui exclusivement de celle-ci, il y a présomption qu'elle fait cesser, même par acte écrit, le caractère de chose publique et que cet acte est perdu.

Telle est l'opinion de Dunod, de M. Vazeilhe, *Traité des Prescriptions ;* telle est aussi la nôtre dans notre *Traité des Chemins.*

MM. Proudhon et Troplong qui n'admettent pas, avec M. Vazeilhe et avec nous, la prescriptibilité des chemins vicinaux, ou qui ne l'admettaient du moins qu'avec une distinction que nous aurons occasion de rappeler, enseignent cependant de la manière la plus positive qu'un chemin classé peut devenir prescriptible, sans qu'il soit intervenu un arrêté qui l'ait déclassé et l'ait fait rentrer dans le droit commun ; ils combattent sur ce point l'opinion de M. Isambert et de M. Cotelle.

Les explications données à la chambre des pairs viennent à l'appui de l'inutilité d'un arrêté de déclassement.

M. Roy a exposé les divers cas dans lesquels les chemins deviennent prescriptibles ; c'est lorsqu'ils sont inutiles, que la servitude envers le public cesse d'exister, et qu'ils sont déclassés.

On ne peut pas dire qu'il a exigé le cumul de toutes ces circonstances ; par exemple, son intention n'a pu être de vouloir que le chemin fût inutile et que l'administration l'ait déclassé. La mesure administrative suffit et lève tous les doutes ; personne ne pourrait faire infirmer l'arrêté administratif, sous prétexte que le chemin est utile, et entreprendre une discussion sur ce point de fait.

L'inutilité, la désuétude du chemin ne sont à rechercher que lorsqu'il n'y a pas d'acte administratif, parce qu'à défaut de cet acte qui établit le droit, la question se résout par l'examen et l'appréciation du fait.

MM. Proudhon et Troplong, tout en soutenant que les chemins vicinaux sont imprescriptibles, reconnaissent qu'ils deviennent sujets à la prescription trentenaire à partir de l'époque où, à raison de leur dégradation, ils ont cessé de faire leur office.

Le premier formule ainsi son opinion :

« Les fonds du domaine public deviennent prescriptibles par le seul fait de leur dégradation accidentelle, après l'anéantissement du service dont ils étaient affectés, sans qu'il soit nécessaire qu'il y ait eu un décret de l'autorité compétente pour ordonner la suppression de l'établissement et la rentrée du sol dans le commerce. »

L'opinion de M. Troplong, développée avec étendue et talent, revient à peu de chose près au même résultat.

Ils conviennent l'un et l'autre de la difficulté de constater les faits de dégradation accidentelle et d'anéantissement du service public avant la prise de possession du particulier, après 30, 40, 100 ans, car sa jouissance peut remonter jusque là ; mais ils disent que ce sera l'affaire des juges de débrouiller le chaos.

Pour nous, nous croyons qu'en présence de tant d'exceptions et de distinctions, le principe de l'art. 10 de la nouvelle loi est une abstraction, une théorie sans application et presque sans efficacité. A notre avis, il n'aura d'autre effet que de rendre les tribunaux sévères et réservés sur l'admission des faits de possession ; d'autre résultat que de les porter à exiger des actes possessoires bien caractérisés surtout quand, sans contester l'existence du chemin, les riverains n'invoqueront la prescription que pour conserver quelques pieds sur ses bords. La loi (art. 2,229 du Cod. civ.) exige une possession non équivoque et à titre de propriétaire. Nous concevons que les juges soient enclins à réputer équivoque la possession d'un terrain qu'on prouvera nettement avoir fait partie d'un chemin ; nous approuvons une plus grande sévérité, une plus grande exigence en cette matière qu'en beaucoup d'autres ; mais nous ne croyons pas que les juges puissent prononcer par fin de non-recevoir et se dispenser d'examiner les faits de possession allégués.

De tout ce que nous venons de dire, il résulte qu'il eût mieux valu rester dans le droit commun, et que, malgré le principe consacré par la loi, on y sera presque toujours ramené par la force des choses.

ARTICLE XI.

TEXTE.

« Le préfet pourra nommer des agens-voyers. Leur traitement sera fixé par le conseil-général. Ce traitement sera prélevé sur les fonds affectés aux travaux. Les agens-voyers prêteront serment. Ils auront le droit de constater les contraventions et délits, et d'en dresser des procès-verbaux. »

COMMENTAIRE.

La loi ne désigne pas la classe dans laquelle le préfet devra choisir les agens-voyers, et n'en exclut par conséquent aucune. Il pourra donc faire porter son choix sur qui bon lui semblera, sur les ingénieurs des ponts-et-chaussées ou tous autres : la plus grande latitude lui est laissée à cet égard, ainsi que l'a déclaré à la chambre des députés M. le ministre des travaux publics.

La loi ne trace aucune formalité pour la rédaction des procès-verbaux. Elle ne les soumet même pas à celle de l'affirmation; d'où il faut tirer la conséquence qu'ils en sont exempts. Cela résulte du rejet de l'amendement de M. de Golbery qui voulait les assujettir à l'affirmation. On a voulu simplifier les formes.

Ces procès-verbaux peuvent être débattus par des preuves contraires ; car le principe consacré par l'art. 154 du Code d'instruction criminelle est général, et s'applique à toutes les matières. L'art. 11 de la nouvelle loi ne dit pas que les procès-verbaux des agens-voyers feront foi jusqu'à inscription de faux, comme le portent les lois sur les droits réunis, les douanes, les délits forestiers et les servitudes militaires.

Au surplus, même en matière de grande voirie, les rapports ne font foi que jusqu'à preuve contraire, ainsi que l'a décidé le conseil-d'état par arrêt du 21 mars 1834, rendu dans l'espèce suivante :

Le sieur Pichard, propriétaire d'une maison sujette à reculement, sise quai des Chartrons, à Bordeaux, a été mis en contravention par le conducteur des ponts-et-chaussées pour avoir, sans permission de l'autorité compétente, fait crépir et couvrir avec des placages et tuileaux, les pierres défectueuses et les lézardes de la façade de ladite maison.

Le conseil de préfecture, sur la déclaration de huit voisins, que la maison n'avait point de lézardes, et qu'ils n'y avaient vu faire qu'un blanchissage, a relaxé le sieur Pichard de la contravention qui lui était imputée.

Recours au conseil-d'état de la part du ministre du commerce et des travaux publics : « Les conséquences d'un pareil jugement, disait le ministre, sont graves, et je ne pense pas qu'on puisse en laisser subsister le principe. Un conseil de préfecture peut sans doute constater et déclarer que les faits énoncés dans un procès-verbal ne constituent pas une contravention ; mais il excède ses pouvoirs lorsqu'il dénie à ces faits la foi qui leur est due, tant que la partie intéressée ne s'est pas inscrite en faux contre leur énonciation, et qu'un jugement du tribunal civil n'a pas donné gain de cause à cette partie : en d'autres termes, l'appréciation des faits appartient au conseil de préfecture ; mais la question de savoir s'ils sont vrais ou faux doit être déférée à l'autorité judiciaire. Le conseil de préfecture de la Gironde s'est écarté de cette règle en admettant, dans l'espèce, la preuve testimoniale au sujet du délit reproché au sieur Pichard. Je pense donc que son arrêté doit être annulé.

Sur ce, est intervenu l'arrêt suivant :

« Vu le règlement du 22 juillet 1806 ; vu la loi du 29 floréal an 10 ; vu les décrets du 18 août 1810 et du 16 décembre 1811 ;

» Considérant que, d'après les lois et règlemens de la matière, les procès-verbaux des agens de la grande voierie ne font foi que jusqu'à preuve contraire ; que dès-lors, ledit conseil de préfecture n'est point sorti des bornes de sa compétence, en admettant devant lui la discussion des faits opposés à la contravention imputée au sieur Pichard par le procès-verbal du 12 mai 1832 :

» Art. Ier. L'exception d'excès de pouvoir et d'incompétence, présentée par notre ministre du commerce et des travaux publics contre l'arrêté du conseil de préfecture de la Gironde du 1er octobre 1832, est rejetée. Il sera procédé contradictoirement à l'instruction du fond, devant nous, en notre conseil-d'état. »

Le même principe a encore été consacré par un autre arrêt du conseil du 19 janvier 1836, qui a en outre décidé qu'un seul gendarme pouvait valablement constater un délit de voirie. Voyez le *Recueil des arrêts du conseil*, par mon honorable confrère M. Beaucousin.

Nous devons d'ailleurs faire remarquer que la création d'agens spéciaux pour veiller à la conservation des chemins n'empêche pas les gardes-champêtres et autres officiers auxiliaires de police judicaire de constater la contravention. Le pouvoir qui leur était antérieurement conféré par la législation ne leur est pas retiré par la loi nouvelle. Ils ont donc la concurrence avec les agens récemment créés.

ARTICLE XII.

TEXTE.

« Le maximum des centimes qui pourront être votés par les conseils-généraux, en vertu de la présente loi, sera déterminé annuellement par la loi de finances. »

COMMENTAIRE.

Cet article, tel qu'il avait été adopté par la chambre des députés, soumettait aussi à la fixation de la loi des finances, le maximum des centimes à voter par les conseils municipaux ou à imposer d'office. Cette partie de l'article a été retranchée par la chambre des pairs avec beaucoup de raison, car la loi a elle-même déterminé le maximum que peuvent imposer les conseils municipaux, tandis qu'elle n'a mis aucune limite au vote des conseils-généraux.

ARTICLE XIII.

TEXTE.

« Les propriétés de l'Etat, productives de revenus, contribueront aux dépenses des chemins vicinaux, dans les mêmes proportions que les propriétés privées, et d'après un rôle spécial dressé par le préfet.

» Les propriétés de la couronne contribueront aux mêmes dépenses, conformément à l'article 13 de la loi du 2 mars 1832. »

COMMENTAIRE.

La commission de la chambre des députés avait redigé d'une manière plus absolue la première partie de cet article. Il y était seulement dit : Les propriétés de l'Etat, contribueront, etc. Mais sur l'observation de M. Calmon, directeur-général de l'enregistrement et des domaines, que l'Etat possédait une foule de propriétés consacrées à des usages publics, et qui loin de produire des revenus étaient l'occasion de très-grandes dépenses, on inséra dans la loi les expressions restrictives *productives de revenus*.

Il est donc bien entendu qu'il n'y a que les propriétés de l'Etat productives de revenus, telles qu'une forêt, des moulins, des prés, etc., qui doivent contribuer aux dépenses des chemins; mais une caserne, un hôpital militaire, une citadelle, des remparts de place de guerre en sont affranchis.

Ce n'est pas la commune dans le territoire de laquelle les propriétés sont situées, qui doit régler le montant des prestations et des centimes à la charge de l'Etat; c'est le préfet qui doit faire un rôle spécial à cet égard. Ce fonctionnaire représente en effet l'Etat pour tout ce qui intéresse ses actions et ses biens. On a craint d'ailleurs que l'esprit de localité n'entraînât les communes à surcharger injustement les propriétés dont nous parlons. Au surplus si elles croyaient avoir à se plaindre de la mesure préfectorale, elles auraient les voies de réclamation dont nous avons déjà parlé.

Il est incontestable que le régisseur, fermier ou administrateur des biens de l'Etat, productifs ou non de revenus, est assujetti à la prestation pour sa personne, ses parens et serviteurs, voitures et bêtes de somme, d'après les règles ci-dessus exposées sur l'art. 3, indépendamment des centimes additionnels à raison des propriétés productives de revenus.

Suivant la deuxième partie de l'article que nous discutons, les propriétés de la couronne contribuent indistinctement et sans exception aux dépenses des chemins vicinaux, aux termes de l'art. 13 de la loi du 2 mars 1832.

Cet article est ainsi conçu :

« Les propriétés de la couronne ne seront pas soumises à l'impôt ; elles supporteront néanmoins toutes les charges communales et départementales. Afin de fixer leurs portions contributives dans ces charges, elles seront portées sur les rôles et pour leurs revenus estimatifs de la même manière que les propriétés privées. »

Ainsi, aucune restriction à la règle quant à ces biens ; qu'ils soient ou non productifs de revenus, ils doivent sans distinction contribuer aux dépenses des chemins. Le préfet n'est pas chargé de faire le rôle spécial, parce que d'après la loi de 1832, ils figurent pour leurs revenus estimatifs, sur les rôles ordinaires des impôts publics.

A plus forte raison, les biens composant le domaine privé du prince régnant doivent-ils contribuer aux dépenses des chemins.

ARTICLE XIV.

TEXTE.

« Toutes les fois qu'un chemin vicinal entretenu à l'état de viabilité par une commune sera habituellement ou temporairement dégradé par des exploitations de mines, de carrières, de forêts, ou de toute entreprise industrielle appartenant à des particuliers, à des établissemens publics, à la Couronne ou à l'Etat, il pourra y avoir lieu à imposer aux entrepreneurs ou propriétaires, suivant que l'exploitation ou les transports auront eu lieu pour les uns ou les autres, des subventions spéciales dont la quotité sera proportionnée à la dégradation extraordinaire qui devra être attribuée aux exploitations.

« Ces subventions pourront, au choix des subventionnaires, être acquittées en argent ou en prestations en nature, et seront exclusivement affectées à ceux des chemins qui y auront donné lieu.

« Elles seront réglées annuellement, sur la demande des communes, par les conseils de préfecture, après des expertises contradictoires, et recouvrées comme en matière de contributions.

« Les experts seront nommés suivant le mode déterminé par l'art. 17 ci-après.

« Ces subventions pourront aussi être déterminées par abonnement; elles seront réglées, dans ce cas, par le préfet en conseil de préfecture. »

COMMENTAIRE.

Pour bien entendre ce long article et en calculer toute la portée, il faut le rapprocher de la disposition analogue de la loi de 1824 et du projet adopté par la chambre des députés.

Voici d'abord l'art. 7 de la loi du 28 juillet 1824 :

« Toutes les fois qu'un chemin sera habituellement ou temporairement dégradé par des exploitations de mines, de carrières, de forêts ou de toute autre entreprise industrielle, il pourra y avoir lieu à obliger les entrepreneurs ou propriétaires à des subventions particulières, lesquelles seront, sur la demande des communes, réglées par les conseils de préfecture, d'après des expertises contradictoires. »

L'article du projet, adopté par la chambre des députés, qui différait peu de celui de la loi précédente, était ainsi conçu :

« Toutes les fois qu'un chemin sera habituellement ou temporairement dégradé par des exploitations de mines, de carrières, de forêts, de toute entreprise industrielle appartenant à des particuliers, à des établissemens publics, à la Couronne ou à l'État, il pourra y avoir lieu à imposer des subventions spéciales aux entrepreneurs et propriétaires ; ces subventions seront réglées annuellement par les conseils de préfecture, après des expertises contradictoires, et recouvrées comme en matière de contributions directes. Les subventions pourront aussi être déterminées par abonnement ; elles seront réglées, dans ce cas, par le conseil municipal, s'il s'agit de chemins communaux, et par le préfet en conseil de préfecture, s'il s'agit de chemins vicinaux. »

M. Roy, rapporteur de la loi à la chambre des pairs, après avoir rappelé les raisons de ceux qui combattaient cet article, ajoutait :

« Votre commission, Messieurs, a examiné ces diverses observations avec une attention particulière.

» Elle en a senti l'importance.

» Mais la disposition qui en est l'objet existe déjà dans la loi du 28 juillet 1824 ; nous avons pensé qu'elle devait être maintenue dans la loi nouvelle, et qu'il devait suffire de l'expliquer de manière à en prévenir l'abus et à empêcher qu'elle ne reçoive une application injuste ou arbitraire.

» Le projet de loi n'assujettit pas d'une manière absolue les entrepreneurs ou les propriétaires au paiement d'une indemnité ; il porte seulement qu'il pourra y avoir lieu à leur imposer une subvention spéciale.

» Cette subvention n'aurait pas pour cause une dégradation ordinaire, telle qu'elle est occasionée par le tems ou qu'elle est l'effet de l'usage commun d'un chemin, mais une dégradation extraordinaire qui sortirait des proportions ordinaires.

» Résultant de faits et d'obligations personnelles, elle ne serait pas imposée aux propriétaires *et* aux entrepreneurs, mais aux propriétaires *ou* aux entrepreneurs, suivant que les uns ou les autres exploiteraient, et suivant que l'exploitation ou les transports auraient eu lieu pour les uns ou pour les autres.

» Elle ne pourrait être réclamée qu'autant que le chemin aurait été précédemment entretenu à l'état de viabilité.

» Elle ne serait imposée au propriétaire exploitant ou à l'entrepreneur, que dans la proportion dans laquelle la dégradation extraordinaire devrait lui être imputée.

» Elle serait toujours exclusivement affectée aux chemins qui en auraient été l'objet, etc.... »

Le § 1er de l'article que nous examinons, tel qu'il avait été proposé par la commission de la chambre des pairs, contenait à la suite du mot exploitation, les expressions suivantes qui le terminaient : « et ne pourra être exigée qu'autant que la commune aura acquitté la portion qui demeurera à sa charge. »

M. de Gasparin demanda ce que la commission avait

entendu par ces mots : « et ne pourra être exigée, etc..... ; il lui sembla que c'était faire faire à la commune l'avance d'une redevance ou d'un travail dont les entrepreneurs devaient une partie. »

M. le comte Roy, rapporteur, répondit : « Comme les réparations aux chemins dégradés devront être faites simultanément par les communes et les subventionnaires, il n'y a pas d'inconvénient à retrancher les mots « et ne pourra être exigée, etc. »

M. Humblot-Conté a dit aussi : « La commission a voulu que la commune ne pût profiter d'une circonstance pour faire entretenir le chemin par le propriétaire d'une exploitation quelconque ; elle a voulu que la commune payât d'abord sa part. En effet, la charge naturelle de la commune, c'est d'entretenir son chemin à l'état de viabilité. L'exploitation qui le dégrade, ne le dégrade qu'après qu'il a été mis à l'état de viabilité ; c'est alors seulement que l'exploitation doit être appelée à contribuer à la réparation du chemin dégradé par elle.

« Il ne faut pas, si l'on veut encourager l'industrie, autoriser les communes à se décharger sur elle, du soin d'entretenir leurs chemins. »

M. de Gasparin. « Entend-on que si la commune réparait complètement le chemin, l'exploitation ne devrait plus rien? »

M. Humblot Conté. « Il y aura lieu à un arbitrage pour déterminer la part afférente à la commune et celle afférente à l'exploitation ; mais l'exploitation ne sera tenue d'acquitter sa part qu'autant que la commune aura acquitté la sienne. »

M. Girod de l'Ain. « Cette dernière partie de l'article peut donner lieu à beaucoup de difficultés dans une matière qui en provoque déjà bien assez par elle-même.

« Le mot commune comprend tous les individus qui la composent. Quand on parle de la portion à sa charge, on parle de la prestation en nature comme de la prestation en argent. On ne pourra donc exiger de celui qui est cause de la dégradation, sa part dans la réparation de cette dégradation, qu'autant que tous ceux qui devront des journées de travail ou des contributions auront exécuté leur prestation. Cela me paraît d'une exécution impraticable. »

M. le rapporteur. « La commission consent au retranchement de cette partie de l'amendement. »

M. Aubernon. La commission propose de dire : « entretenu à l'état de viabilité. » Tout le monde sait parfaitement que les chemins communaux sont pour la plupart dans un état complet d'inviabilité. On conçoit très-bien qu'on doive faire concourir les entrepreneurs comme habitans de la commune ; mais pour les faire concourir comme entrepreneurs, il faut nécessairement partir de l'état de viabilité.

(Le premier § avec le retranchement des mots : « et ne pourra être exigé, etc., » est adopté.)

M. le baron Silvestre de Sacy. Il y a dans le second § une phrase qui n'est pas française. On dit : « Et seront exclusivement affectés à chacun des chemins qui y aura donné lieu » ; il faudrait dire : « A ceux des chemins qui y auront donné lieu. »

(Le deuxième § est adopté avec cette rectification.)

Le reste de l'article est adopté avec les amendemens proposés par la commission.

Lorsque la loi fut soumise de nouveau à la chambre des députés, M. Enouf demanda, dans la séance du 17 mai, le retranchement des expressions : *chemin entretenu à l'état de viabilité*, ajoutées par la chambre des pairs.

M. de Montalivet s'y opposa et les expliqua ainsi : « On n'a voulu demander aux propriétaires que la réparation du dommage, des dégradations qu'ils avaient occasionées. La rédaction de la chambre des pairs a pour but de poser ce principe. Par exemple, un chemin se trouve dans un parfait état ; il est évident que si un propriétaire de bois, ou d'usine y passe, et que des voitures dégradent ce chemin, dans ce cas, il devra faire toutes les réparations. Au contraire, si une commune comptant sur ce que dans deux, trois ou quatre ans, une exploitation de forêt ou d'usine aura lieu, laisse le chemin en souffrance, afin que plus tard le propriétaire arrivant à son exploitation, soit obligé de le réparer, il y aurait injustice si la loi ne s'expliquait pas formellement, car le propriétaire ne doit supporter que des dégradations par lui faites ; autrement le principe serait injuste, ce que nous ne voulons pas. Eh bien! la première rédaction a voulu exprimer le principe que la base de toute opération devait être que le chemin devait être en état de viabilité. Cela ne fait pas que la commune sera obligée de dépenser une certaine somme, mais cela fera que le propriétaire ne sera taxé que d'après les dégradations de son fait. »

Il résulte de cette discussion et du retranchement des expressions *ne pourra être exigée*, d'une part que la commune ne peut être tenue de remplir ses obligations avant de réclamer les subventions des entrepreneurs, qu'au contraire, la commune et les entrepreneurs doivent contribuer simultanément aux dépenses des chemins ; de l'autre que ce n'est toutefois qu'autant qu'ils ont été mis en état de viabilité, et que c'est par la fréquentation des entrepreneurs ou propriétaires des chemins à l'état de viabilité, qu'a été causée leur dégradation, qu'ils peuvent être tenus à la subvention.

Nous avions soutenu, dans la 4e édition de notre *Traité des Chemins*, page 332, que les entrepreneurs, propriétaires, etc., ne pouvaient être assujettis à des subventions qu'à raison des dégradations commises aux chemins de la commune même dans laquelle leur propriété, leur établissement industriel étaient situés; qu'ils ne pouvaient être assujettis à un impôt pour réparations des chemins des autres communes qu'ils ne faisaient que traverser; et nous avions combattu la jurisprudence du conseil-d'état contraire à cette opinion.

Nous nous fondions sur les termes de l'art. 1er de la loi du 28 juillet 1824, qui mettaient les chemins à la charge des communes sur le territoire desquels ils étaient établis, et sur l'exposé des motifs de cette loi par le ministre de l'intérieur, desquels il résultait, suivant nous, que les réparations des chemins étaient, dans tous les cas, à la charge des habitans, même lorsqu'il s'agissait de celles nécessitées par la dégradation extraordinaire provenant d'une exploitation de mines, de carrières, de forêts, etc.

Mais nous avouons que cette opinion ne peut plus être soutenue aujourd'hui, que les principes de la nouvelle loi diffèrent essentiellement, sur ce point, de ceux de la législation précédente. On a vu, en effet, que les mots *sur le territoire desquels ils sont établis*, avaient été retranchés de l'art 1er; que, d'après l'art. 6, une commune pouvait être tenue de réparer les chemins vicinaux ordinaires situés dans le territoire d'une autre; que ce principe s'applique avec plus de force encore aux réparations des chemins de grande communication. Or, la subvention qui vient en addition à la contribution ordinaire devant suivre le sort de celle-ci, dès que les entrepreneurs ou industriels sont assujettis, comme habitans, à réparer les chemins des autres communes, à proportion de l'usage qu'ils en font et de la dégradation qu'ils leur causent, il s'ensuit qu'ils doivent également être tenus d'y ajouter une subvention pour la dégradation extraordinaire produite par leur exploitation. Cette interprétation a été donnée à la loi dans la discussion à la chambre des députés.

Un membre demandait la modification de l'article, au moins en ce qui concernait l'exploitation des forêts; il faisait remarquer combien serait onéreuse pour le propriétaire ou l'acheteur de la coupe l'obligation d'entretenir les chemins de diverses communes par lesquelles il passerait, et qui pourraient quelquefois être éloignées de douze lieues de celle où la forêt est située; M. Vivien lui fit observer que ce n'était pas une innovation qu'introduisait la nouvelle loi, que sa disposition existait déjà (et, en effet, nous avons vu que c'était la jurisprudence du conseil-d'état). L'amendement fut repoussé.

En y réfléchissant bien, il faut reconnaître que l'obligation imposée aux exploitans est assez juste; elle est fondée sur le principe qui mesure l'étendue de la dette, au profit retiré de la chose et à la dégradation qu'on y cause. On peut dire aux entrepreneurs : Vous usez des chemins, vous leur causez une détérioration extraordinaire; réparez le mal que vous faites.

Du reste, les précautions prises par le législateur sont de nature à empêcher que la charge ne devienne trop pesante et ne soit injustement imposée. La loi est conçue en termes facultatifs; elle exige qu'il s'agisse d'une dégradation extraordinaire et qu'il soit bien établi, par une expertise comme par la décision du conseil de préfecture, qu'elle doive être attribuée à l'exploitation. Elle prend soin de déterminer, avec autant de précision que possible, la nature des exploitations qui entraînent la subvention; ce sont celles de mines, de carrières, de forêts ou *de toute entreprise industrielle*.

Sans doute, ces dernières expressions *toute entreprise industrielle*, sont assez vagues pour qu'un esprit étroit de localité cherchât à en abuser en leur donnant une extension à l'aide de laquelle on y comprendrait beaucoup d'établissemens étrangers à l'industrie proprement dite; mais la raison et la justice des administrateurs obvieront à cet inconvénient en restreignant le plus possible l'application de cette disposition, qui n'est après tout qu'une exception au droit commun, et en empêchant notamment qu'on ne l'étende à une exploitation d'agriculture quelque considérable qu'elle soit.

La subvention est due pour toute dégradation causée par les exploitations des propriétés ou de toute entreprise industrielle appartenant à des particuliers, à des établissemens publics, à la Couronne ou à l'Etat, sans distinction entre les biens productifs ou non productifs de revenus; car la loi est conçue en termes généraux qui n'admettent aucune exception.

Il suffirait d'un seul transport, d'un seul passage par un chemin pour que la subvention pût être exigée, puisque la loi parle de dégradation habituelle ou *temporaire*. Mais on conçoit que s'il doit être bien prouvé, dans tous les cas, que l'exploitation est la cause du dommage et de combien est sa quotité, la preuve doit être plus rigoureusement exigée encore lorsqu'il n'y a eu qu'un seul transport.

L'art. 14, que nous examinons, décide une question qui avait été diversement jugée par le conseil-d'état, et sur laquelle il y avait contrariété dans sa jurisprudence. La subvention doit être acquittée par celui dont la dégradation y donne lieu. C'est une application du principe général établi par l'art. 1382 du Code civil, que tout dommage doit être réparé par celui qui en est la cause. Quand le propriétaire exploite lui-même, il doit la subvention; mais quand il a vendu le produit de ses forêts, mines ou carrières, ce sont les acquéreurs qui y sont soumis, parce que leur exploitation est la cause de la dégradation. Il n'aurait pas été juste d'autoriser les communes à poursuivre les propriétaires, sauf le recours de ceux-ci contre les exploitans. Aucune loi n'autorisant un tel circuit d'actions, ce serait soumettre arbitrairement un propriétaire à deux procès longs et dispendieux, que de l'obliger à répondre aux prétentions de la commune, sauf recours contre les exploitans. Les termes de la loi et l'exposé des motifs par M. le comte Roy ne laissent aucun doute sur l'interprétation que nous lui donnons.

Nous avons cru devoir entrer dans toutes ces explications pour la parfaite intelligence de la première disposition de l'art. 14. Les autres s'entendent tout naturellement, sans avoir besoin d'être suivies d'un commentaire.

ARTICLE XV.

TEXTE.

« Les arrêtés du préfet portant reconnaissance et fixation de la largeur d'un chemin vicinal, attribuent définitivement au chemin le sol compris dans les limites qu'ils déterminent.

» Le droit des propriétaires riverains se résout en une indemnité qui sera réglée à l'amiable par le juge de paix du canton, sur le rapport d'experts nommés conformément à l'art. 17. »

COMMENTAIRE.

L'art. 10 de la loi du 28 juillet 1824, prévoyant le cas où il y aurait nécessité de prendre la propriété d'un particulier pour l'élargissement, l'établissement d'un chemin, ou pour en extraire les matériaux indispensables à la confection des travaux, obligeait à suivre les formes de l'expropriation lorsque la valeur de la propriété excédait 3,000 fr. Cette disposition n'était pas très-claire et donnait lieu dans la pratique à une foule de difficultés.

La loi actuelle adopte un système plus complet, plus simple, et aussi facile à comprendre qu'à exécuter.

L'objet de l'article 15 est évident et porte sur deux cas différens. 1° Une commune prétendant qu'un chemin est vicinal, demande au préfet de le déclarer tel, d'en fixer la direction, l'emplacement, la largeur.

Ce fonctionnaire, à l'aide d'enquêtes, de visites de lieux, d'anciens plans et autres documens, recherche et reconnaît la vicinalité ancienne, il fixe la largeur et l'emplacement. Il déclare que l'ancien état de choses doit être maintenu ou rétabli, parce que l'utilité publique l'exige.

2° Une commune, prétendant qu'un chemin est trop étroit, demande une augmentation de largeur, et le préfet l'ordonne aux dépens des héritages voisins.

Son arrêté est au moins une déclaration d'utilité publique, qui oblige le particulier à abandonner sa propriété moyennant indemnité.

Sans doute, il peut paraître rigoureux en ce cas de ne pas accorder au propriétaire les garanties assurées par les formes relatives à l'expropriation; car il pourrait bien arriver, qu'avec la précaution de déclarer une vicinalité ancienne, on en établirait réellement une nouvelle, soit en s'emparant d'un chemin particulier, soit en créant un chemin sur une propriété privée qui n'en aurait jamais supporté.

Toutefois cet abus est peu à craindre.

Nous avons déjà vu que les particuliers et les communes pouvaient porter leurs réclamations touchant les déclarations de vicinalité, jusqu'au conseil-d'état, par la voie contentieuse, après avoir épuisé le recours au ministre. Ces moyens de réclamation donnent à la propriété des garanties suffisantes. Si le conseil-d'état reconnaît la vicinalité antérieure à l'arrêté du préfet, les propriétaires n'ont plus droit qu'à une indemnité.

Cependant, il faut pour que cette indemnité soit allouée, que la propriété du terrain ne soit pas contestée.

La reconnaissance de vicinalité, qui n'est qu'une déclaration d'utilité publique, ne juge ni ne préjuge la question de propriété en faveur de la commune. Malgré cette reconnaissance, les particuliers peuvent toujours se prétendre propriétaires, et porter leur action devant les tribunaux; et à plus forte raison, l'arrêté du préfet ne peut-il être opposé à la commune pour l'empêcher de contester la propriété du riverain, et de se prétendre elle-même propriétaire.

Lorsque la question de propriété est résolue en faveur du riverain, il ne peut pas pour cela reprendre son terrain. L'article ci-dessus décide positivement qu'il n'a droit qu'à une indemnité.

Cette indemnité est réglée à l'amiable, ou en cas de discord, par le juge de paix du canton sur un rapport d'experts.

La loi ne dit pas si le juge de paix prononcera comme juge et en dernier ressort, ou s'il y aura lieu à l'application des règles ordinaires sur l'appel et le pourvoi en cassation. Nous pensons que ce silence est une preuve de l'intention de rester dans le droit commun. En conséquence, il y aura lieu à l'appel quand la sentence du juge de paix portera une condamnation excédant le taux du dernier ressort, d'après la loi du 24 août 1790, qui devra servir de règle à cet égard.

Il pourrait arriver, en effet, surtout lorsque la propriété embrassera toute la largeur du terrain, que l'indemnité s'élevât à une somme assez considérable, et il ne serait pas juste de laisser au juge de paix le pouvoir de fixer cette indemnité sans aucun recours contre les erreurs de sa décision. Nous ne voyons en lui qu'un juge de 1re instance, avec attribution sur une matière spéciale pouvant excéder 100 fr., comme dans les cas d'actions possessoires, de débats sur brevets d'invention, etc.

De ce que le juge de paix a la mission de régler l'indemnité due au propriétaire qu'on veut déposséder, il n'en faudrait pas conclure, qu'en cas de contestation élevée même incidemment à la demande en règlement d'indemnité, sur la propriété du fonds que le préfet a déclaré faire partie du chemin, le juge de paix pût statuer sur l'incident; car il n'est qu'un juge d'exception; la loi nouvelle ne lui confère pas le pouvoir de juger une question de cette nature, et celle du 24 août 1790 lui interdit formellement de prononcer sur la propriété des immeubles.

Le jugement de l'incident ne pourrait donc appartenir qu'aux tribunaux d'arrondissement.

Il nous reste à examiner si l'indemnité doit être préalable.

Il faut, à cet égard, distinguer.

Il est évident que lorsque l'arrêté du préfet décide que le chemin a toujours été vicinal avec telle direction et largeur, cet arrêté n'ordonne pas une dépossession, mais ne fait que prescrire le maintien de l'état des choses; que par conséquent l'indemnité ne peut être préalable à la dépossession, puisque, dans l'opinion du fonctionnaire, elle a déjà eu lieu depuis long-tems.

Lorsqu'au contraire le préfet a prescrit une augmentation de largeur, il y a par cela même aveu de l'innovation, de la nécessité d'une nouvelle dépossession; par conséquent, il y a véritable expropriation pour cause d'utilité publique, et l'indemnité doit être préalable aux termes de l'article 9 de la Charte, dont la disposition est générale.

ARTICLE XVI.

TEXTE.

« Les travaux d'ouverture et de redressement des chemins vicinaux seront autorisés par arrêté du préfet.

» Lorsque, pour l'exécution du présent article, il y aura lieu de recourir à l'expropriation, le jury spécial chargé de régler les indemnités ne sera composé que de quatre jurés. Le tribunal d'arrondissement, en prononçant l'expropriation, désignera pour présider et diriger le jury, l'un de ses membres ou le juge de paix du canton. Ce magistrat aura voix délibérative en cas de partage.

» Le tribunal choisira sur la liste générale, prescrite par l'article 29 de la loi du 7 juillet 1833, quatre personnes pour former le jury spécial et trois jurés supplémentaires. L'administration et la partie intéressée auront respectivement le droit d'exercer une récusation péremptoire.

» Le juge recevra les acquiescemens des parties.

» Son procès-verbal emportera translation définitive de propriété.

» Le recours en cassation, soit contre le jugement qui prononcera l'expropriation, soit contre la déclaration du jury qui réglera l'indemnité, n'aura lieu que dans les cas prévus et selon les formes déterminées par la loi du 7 juillet 1833. »

COMMENTAIRE.

L'article ci-dessus s'applique à des cas différens du précédent. Dans notre article 16, il s'agit d'ouverture et de redressement de chemins, par conséquent d'innovations qui exigent, en général, un plus grand sacrifice de la propriété que les cas sur lesquels il a été statué par l'article 15.

Il ne faut pourtant pas se dissimuler que quelquefois le sacrifice sera moindre dans les hypothèses réglées par le dernier article ; mais le législateur n'a pu faire reposer son système que sur une présomption générale et sur la nature des travaux à exécuter plutôt que sur leur valeur, à la différence de la loi précédente dont la base était mal établie et sujette à une foule d'inconvéniens.

Il faut aussi reconnaître que parfois le redressement d'un chemin se confondra avec l'augmentation de largeur; que l'augmentation aura lieu pour arriver au redressement; mais ces rares exceptions ne pouvaient empêcher d'admettre la règle générale que le bon sens et l'équité des administrateurs sauront bien appliquer à propos.

Avant de nous expliquer sur d'autres difficultés que peuvent faire naître les termes de la loi, nous devons transcrire le passage du rapport de M. Roy, qui en contient les motifs, le voici :

« Les lois qui ont pour objet l'établissement, le redressement, l'entretien ou les réparations des chemins, ont avec la propriété privée des rapports nécessaires. Dans un intérêt, qui est un intérêt public, il est souvent indispensable d'entreprendre sur cette propriété, par des faits ou par des actes à l'exercice desquels le droit de propriété apporterait obstacle, si la loi ne les avait pas autorisés, en conciliant ce qu'exigent les nécessités publiques avec ce qui est commandé par le respect dû, dans toutes les circonstances, au droit de propriété.

» C'est l'objet que s'est proposé la loi du 7 juillet 1833, sur les expropriations pour cause d'utilité publique.

» Mais les principales formes déterminées par cette loi ne sont point applicables au cas où l'expropriation est demandée dans un intérêt purement communal. La loi du 28 juillet 1824 et celles auxquelles elle n'a pas dérogé, étaient demeurées la règle à laquelle, dans ces cas, on devait continuer de se conformer.

» Celle du 9 ventose de l'an 13 chargeait l'administration publique de rechercher les anciennes limites des chemins vicinaux et *d'en fixer la largeur*.

» Le pouvoir de déclarer la vicinalité qui comprend celui de fixer l'emplacement, la direction et la largeur, a aussi été donné au préfet par la loi du 28 juillet 1824.

» D'après le projet de loi, les arrêtés du préfet portant reconnaissance et fixation de la largeur d'un chemin vicinal, attribuent définitivement au chemin le sol compris dans les limites qu'ils déterminent. Le droit des propriétaires riverains se résout, dans ce cas, en une indemnité.

» Il ne résulte cependant pas de cette disposition, que le propriétaire du sol ou d'une partie du sol, compris dans les limites fixées par l'arrêté du préfet, puisse être immédiatement dépossédé du terrain qui lui appartient, avant que l'indemnité qui lui est due ait été fixée et acquittée.

» D'après la loi du 7 juillet 1833, tous grands travaux publics, routes royales, canaux, chemins de fer, canalisation de rivières entrepris par l'Etat ou par compagnies particulières, ne peuvent être exécutés qu'en vertu d'une loi qui n'est rendue qu'après une enquête administrative.

» Une ordonnance royale suffit pour autoriser l'exécution des routes, des canaux et chemins de fer d'embranchement de moins de 20,000 mètres de longueur. Cette ordonnance royale doit être également précédée d'une enquête.

» Après que les formalités préparatoires ont été remplies, le tribunal prononcera l'expropriation pour cause d'utilité publique des terrains et bâtimens indiqués dans l'arrêté du préfet.

» L'indemnité est fixée par un jury spécial composé de douze jurés, dont la décision est déclarée exécutoire par le magistrat commis par le tribunal pour remplir les fonctions de directeur du jury.

» On conçoit que les formes doivent être moins solennelles et plus expéditives, lorsqu'il s'agit de chemins vicinaux.

» D'après le projet, les travaux d'ouverture et de redressement de ces chemins sont autorisés par arrêté du préfet.

» Le jury spécial, chargé de régler les indemnités, n'est composé que de quatre jurés. Le magistrat ou le juge de paix désigné pour présider et diriger le jury, a voix délibérative en cas de partage.

» Il reçoit les acquiescemens des parties. Son procès-verbal emporte translation définitive de propriété.

» Les garanties assurées à la propriété par le projet de loi nous ont paru suffisantes.

» Il faut d'ailleurs ne pas perdre de vue, qu'aux termes de la loi du 7 juillet 1833, les indemnités réglées par le jury devront être acquittées entre les mains des ayans-droit, préalablement à la prise de possession (Charte, art. 9; Code civil, art. 545; loi du 7 juillet 1833, art. 53). »

Ainsi, l'arrêté du préfet qui ordonne l'ouverture ou le redressement des chemins, et en fixe l'emplacement et la largeur, est une déclaration d'utilité publique qui remplace, quant aux chemins vicinaux, la loi ou l'ordonnance exigées par la loi du 7 juillet 1833 pour les autres travaux d'utilité publique.

C'est le tribunal d'arrondissement qui est chargé de prononcer l'expropriation, et qui statue sur les questions de propriété qui pourraient s'élever.

Le nombre des membres composant le jury chargé de liquider l'indemnité est réduit à quatre. Le jury peut être dirigé par le juge de paix du canton.

D'ailleurs, les formes que doit suivre le tribunal pour rendre son jugement d'expropriation, et celles qui doivent être observées par ce jury spécial composé de quatre membres seulement, sont celles déterminées par la loi du 7 juillet 1833, avec les seules modifications qui peuvent résulter de la composition et de la direction du jury. Nous n'entrerons ici dans aucun développement, dans aucune explication de ces formes; mais ceux qui désireront s'en instruire complètement, ainsi que de tout ce qui tient à l'expropriation pour cause d'utilité publique, pourront consulter l'excellent ouvrage que M. Delalleau vient de publier sur cette matière; c'est la seconde édition d'un *Traité* qui a placé cet auteur au premier rang des jurisconsultes de notre époque.

L'indemnité due aux propriétaires doit être payée avant toute prise de possession.

La dernière disposition de l'article n'existait ni dans le projet adopté par la chambre des députés, ni dans celui de la commission de la chambre des pairs; elle a été ajoutée sur la proposition de M. le comte Portalis, premier président de la cour de cassation, qui a surtout fait remarquer l'avantage qui résulterait de son adoption, de n'être pas obligé d'obtenir un arrêt préalable d'admission de la chambre des requêtes, et de pouvoir attaquer directement, devant la chambre civile, soit le jugement qui prononce l'expropriation, soit la décision du jury spécial qui liquide l'indemnité.

Cette nouvelle exception aux règles ordinaires de procéder à la cour de cassation, est empreinte d'une grande sagesse; elle tend à éviter bien des lenteurs et des frais dans une matière ou, s'agissant de chemins utiles au public, la célérité et l'économie sont si nécessaires.

Il y a plusieurs autres matières qui exigeraient bien la même innovation, par exemple les saisies immobilières, les contraintes par corps, les droits de douanes, d'octrois, de contributions indirectes.

N'est-il pas déplorable qu'un malheureux soit dépouillé de ses immeubles, ou gémisse dans les prisons pendant les longues formalités du pourvoi, et qu'après avoir obtenu à grands frais une cassation, le bénéfice de l'arrêt trop tardivement obtenu soit souvent nul pour lui?

N'est-il pas très-pénible de voir les droits du trésor fraudés et sacrifiés pendant l'instance en cassation? n'est-ce pas, en définitive, sur le contribuable honnête et solvable que retombe la perte éprouvée par le fisc?

En supposant qu'il soit utile de maintenir, comme principe général, l'épreuve de la chambre des requêtes, il faudrait au moins reconnaître franchement qu'il n'y a pas de règle générale sans exception; que la nécessité d'en faire ayant déjà été deux fois reconnue et admise, on ne doit point s'arrêter dans cette voie d'amélioration, et qu'il faut l'étendre notamment aux diverses matières ci-dessus indiquées.

ARTICLE XVII.

TEXTE.

« Les extractions de matériaux, les dépôts ou enlèvemens de terre, les occupations temporaires de terrains, seront autorisés par arrêté du préfet, lequel désignera les lieux; cet arrêté sera notifié aux parties intéressées au moins dix jours avant que son exécution puisse être commencée.

» Si l'indemnité ne peut être fixée à l'amiable, elle sera réglée, par le conseil de préfecture, sur le rapport d'experts nommés, l'un par le sous-préfet, et l'autre par le propriétaire.

» En cas de discord, le tiers expert sera nommé par le conseil de préfecture. »

COMMENTAIRE.

Dans cet article, il ne s'agit pas de dépossession absolue du fonds, mais d'extraction de matériaux, de terres qui s'y trouvent; d'occupations temporaires pour l'exécution des travaux. Ce ne sont que des torts ou dommages causés à la propriété. L'indemnité ne doit donc pas être réglée par le jury. La loi nouvelle adopte les formes consacrées par celle du 28 pluviose an VIII, pour la liquidation des indemnités dues à raison de l'exécution de travaux publics.

Le préfet doit désigner les lieux qui seront temporairement occupés, ceux où l'on prendra des matériaux. Son arrêté doit être notifié aux propriétaires dix jours avant la mise à exécution, pour qu'ils aient le tems de réclamer contre la mesure. Nous renvoyons à ce que nous avons dit dans la quatrième édition de notre *Traité des Chemins*, page 159, sur les lieux que le préfet peut désigner.

L'indemnité doit être acquittée avant l'exécution de l'arrêté du préfet, à moins d'impossibilité absolue.

Si au lieu d'une occupation temporaire du terrain, une occupation perpétuelle devenait nécessaire, ou si l'extraction des matériaux était si fréquente et si abondante que l'administration jugeât elle-même indispensable d'exproprier les propriétaires, suffirait-il d'observer les formes de l'art. 16, ou bien faudrait-il recourir à celles de la loi du 7 juillet 1833?

L'art. 16 parle des travaux d'ouverture et de redressement des chemins; ne pourrait-on pas dire que sa disposition ne s'applique qu'au terrain pris ou occupé pour former le sol même de la voie publique?

Mais on peut répondre avec beaucoup de raison par la généralité des termes: les travaux d'ouverture et de redressement comprennent non-seulement le terrain nécessaire pour former le passage, mais encore celui où l'on doit prendre les matériaux indispensables pour la confection des travaux. Nous pensons même qu'on pourrait exproprier dans les formes de l'art. 16 pour faire seulement des travaux de réparation ou d'élargissement.

ARTICLE XVIII.

TEXTE.

« L'action en indemnité des propriétaires pour les terrains qui auront servi à la confection des chemins vicinaux et pour extraction de matériaux, sera prescrite par le laps de deux ans.»

COMMENTAIRE.

Cet article contient une grave innovation aux règles ordinaires de la prescription et il ne dit pas de quelle époque courra le délai des deux années opérant prescription. Sera-ce de l'arrêté du préfet qui aura déclaré la vicinalité, ordonné l'élargissement, le redressement ou l'ouverture, désigné les lieux à occuper pour extraction de matériaux, etc. Sera-ce de la notification de l'arrêté ou seulement soit de la dépossession, soit du jour où auront commencé l'extraction des matériaux, l'occupation temporaire?

En règle générale, pour prescrire un droit contre un propriétaire, il faut posséder sa chose. Ce n'est donc que du jour de sa dépossession, de l'extraction de ses matériaux, de l'occupation de son terrain que doit courir le délai. L'indemnité devant être préalable, il faut reconnaître qu'après deux ans de faits aussi patens, aussi positifs, il y a forte présomption ou qu'il a été satisfait, ou qu'il a consenti à faire à la commune l'abandon de ses droits.

Mais il peut arriver qu'un arrêté de préfet n'ordonne ni une ouverture, ni un élargissement, ni un redressement; qu'il contienne seulement reconnaissance et déclaration d'une vicinalité ancienne qu'il fera remonter à 50 ans ou même au-delà. Il peut se faire qu'une dépossession ou extraction de matériaux aient eu lieu sans autorisation préalable du préfet. L'art. 18 sera-t-il applicable à cette espèce?

Nous croyons que l'art. 18 embrasse aussi ce cas; que la prescription doit commencer à courir du jour où le propriétaire a été de fait dépossédé et ou le public s'est emparé de sa propriété. Ce sera à lui à débattre le fait matériel et à exiger une preuve bien précise, bien positive ; mais une fois le fait établi, la prescription sera incontestable.

Toutefois, la loi n'ayant pas d'effet rétroactif, la prescription qu'elle introduit ne pourra s'appliquer aux vicinalités anciennes que deux ans après la promulgation de celle de 1836. Ainsi, avant cette loi, l'action en indemnité n'était prescriptible que par trente ans, depuis la dépossession, ceux qui ne seraient dépossédés que depuis 28 ans avant la loi auront droit de réclamer dans les 2 ans de sa publication. Il leur importe de bien faire attention à cette décision et de ne pas laisser passer le délai ci-dessus rappelé.

Nous ferons remarquer que bien que l'art. 18 ne parle que des propriétaires, les locataires ou fermiers qui peuvent aussi avoir à réclamer, ne fût-ce que pour occupation temporaire et dépôt de matériaux sur leur terrain, sont également soumis à la prescription de deux ans, parce qu'alors ils représentent les propriétaires, aux droits desquels ils se trouvent en vertu de baux.

Article xix.

TEXTE.

« En cas de changement de direction ou d'abandon d'un chemin vicinal en tout ou partie, les propriétaires riverains de la partie de ce chemin qui cessera de servir de voie de communication, pourront faire leur soumission de s'en rendre acquéreurs et d'en payer la valeur qui sera fixée par des experts nommés dans la forme déterminée par l'art. 17. »

COMMENTAIRE.

Cette disposition est de toute justice. Il y a long-tems que nos hommes d'État songeaient à l'introduire dans notre législation. Le second projet du Code rural contenait sur le même objet les deux articles suivans :

Art. 384. « Les propriétaires riverains d'un chemin supprimé pourront se prévaloir du terrain qu'il occupait, chacun pour une moitié, dans la longueur de leurs propriétés respectives, à la charge d'en payer la valeur à la commune.

» Cette valeur sera fixée proportionnellement aux deux tiers de la valeur des terrains contigus, calculée sur le pied de vingt capitaux pour un du revenu porté en la matrice du rôle de la contribution foncière. »

Art. 385. « Chaque propriétaire riverain qui veut s'emparer d'un ancien chemin supprimé, pour la part qui le concerne, doit en prendre possession et en payer la valeur dans l'année de la suppression, faute de quoi et après un nouveau délai de trois mois, l'autre riverain qui s'était prévalu de sa portion dudit chemin, pourra se prévaloir aussi de la portion restant vis-à-vis de sa propriété, à la charge d'en payer de suite la valeur. »

A la différence du projet de Code rural, la loi nouvelle se contente de poser le principe qui consacre en faveur des riverains, le droit d'acquérir le terrain du chemin supprimé (ce qui comprend les murs, arbres, haies, ponts qui s'y trouveraient); elle ne fixe aucun délai, et n'entre dans aucun détail d'exécution, parce que ces considérations accessoires ne trouvent pas très-naturellement leur place dans une loi. L'art. 18 est ici sans application.

Tant que le terrain qui formait le chemin n'est pas cédé à d'autres, ou n'est pas converti à l'aide de nouveaux travaux en un usage très-utile à la commune, les riverains ont le droit d'en réclamer la cession, à moins que le préfet n'ait adopté d'autres bases dans le règlement qu'il doit faire aux termes de l'art. 21.

Voici d'ailleurs comment M. le comte Roy a justifié, dans son rapport, la disposition de l'art. 19 :

« Il nous a semblé qu'il suffisait d'énoncer cette disposition pour en faire sentir la justice.

» Le motif d'utilité publique a imposé dans le principe à un propriétaire, la nécessité de souffrir l'établissement d'un chemin sur un terrain qui lui appartenait. Lorsque le même motif n'en exige pas la conservation et que le chemin est supprimé, la loi doit donner au propriétaire de ce terrain la faculté d'en reprendre la propriété par préférence à tout autre, en en payant la valeur. Il ne serait pas tolérable que par la suppression du chemin, des étrangers pussent venir s'établir au milieu de sa propriété, et quelquefois même au milieu de sa cour.

» La disposition que nous vous proposons est imitée de l'art. 60 de la loi du 7 juillet 1833, d'après laquelle : « Si des terrains acquis pour des travaux d'utilité publique ne reçoivent pas cette destination, les anciens propriétaires ou ayant-droit peuvent en demander la remise. »

La loi parle d'un changement de direction ou d'un abandon d'un chemin comme donnant ouverture au droit d'acquisition de son terrain ; supposons que l'abandon n'ait lieu que pour en transformer une partie en place publique, fermée à ses extrémités, ou pour y bâtir un édifice : par exemple ; une église, un hôtel de mairie, un hôpital, une prison, les riverains pourront-ils empêcher cette innovation, ce changement de destination?

Nous ne le croyons pas. D'abord, il est certain que lors même que le terrain aurait de tout tems appartenu à des particuliers, la commune pourrait en obtenir la cession forcée pour cause d'utilité publique, à l'effet de l'employer aux usages ci-dessus indiqués; nous avouons que cette raison ne résoudrait pas entièrement la difficulté, parce qu'à la rigueur on pourrait dire que les riverains n'en redeviendraient pas moins propriétaires, sauf à la commune à les exproprier et à payer une indemnité; mais cependant elle avance la solution.

Ensuite, la loi suppose, à notre avis, que la commune n'a plus besoin du terrain du chemin pour aucun usage public, qu'elle veut le vendre à des particuliers; la loi a seulement voulu accorder la préférence aux voisins, et empêcher que des étrangers vinssent s'établir au milieu de la propriété de ces riverains.

Du reste, si la commune, par ses innovations, ses constructions, porte préjudice aux riverains, en les privant des jours, des sorties dont ils jouissaient antérieurement, elle doit leur payer une indemnité, ainsi que nous l'avons dit dans notre *Traité des Chemins*, p. 378 et suivantes.

Cette interprétation résulte en outre du rapport de M. Vatout dans la séance du 11 mai 1836.

On y lit : « L'intérêt de la propriété se trouve respecté dans un article nouveau que la chambre des pairs a introduit dans la loi; c'est l'article 19, qui attribue aux propriétaires riverains la préférence pour se rendre acquéreurs des chemins abandonnés. Le mode de réglement de ces soumissions rentre dans les prévisions administratives de l'art. 14. Il devra être établi de manière à concilier toujours l'intérêt public avec les intérêts privés, et veiller avec le plus grand soin à ce que les riverains ne soient ni enclavés, ni privés au moins sans indemnité des droits de communication dont ils jouissaient. »

ARTICLE XX.

TEXTE.

« Les plans, procès-verbaux, certificats, significations, jugemens, contrats, marchés, adjudications de travaux, quittances et autres actes, ayant pour objet exclusif la construction, l'entretien et la réparation des chemins vicinaux, seront enregistrés moyennant le droit fixe d'un franc.

» Les actions civiles intentées par les communes ou dirigées contre elles, relativement à leurs chemins, seront jugées comme affaires sommaires et urgentes, conformément à l'art. 405 du Code de procédure civile. »

COMMENTAIRE.

Nous concevons bien que les jugemens qui prononceront l'expropriation et les décisions du jury qui liquideront l'indemnité, ne seront, aux termes de l'article ci-dessus transcrit, soumis qu'au droit fixe de 1 fr., parce qu'ils se rattachent à la construction des chemins, et qu'il en sera de même de tous autres actes ayant cet objet.

Mais nous ne croyons pas que les instances relatives aux questions de propriété ou d'indemnité résultant par exemple de privation de jours, de sortie par suite de travaux ou de toute servitude nouvelle, de toute diminution de valeur, puissent jouir de la même modération des droits du fisc. Nous croyons, au contraire, que l'exception ne s'étend pas jusqu'à ces instances qui restent soumises aux règles ordinaires de perception. L'article est conçu en termes limitatifs. Il ne comprend dans sa faveur que les actes ayant pour objet *exclusif* la construction, etc.

Il n'y a d'ailleurs aucune diminution ni exemption des droits de timbre.

Le dernier paragraphe est fondé sur la nécessité que nous avons déjà signalée, d'adopter, pour les contestations en cette matière, une procédure simple, rapide et peu coûteuse.

ARTICLE XXI.

TEXTE.

« Dans l'année qui suivra la promulgation de la présente loi, chaque préfet fera, pour en assurer l'exécution, un règlement qui sera communiqué au conseil-général et transmis avec ses observations au ministre de l'intérieur pour être approuvé s'il y a lieu.

» Ce règlement fixera dans chaque département le maximum de la largeur des chemins vicinaux ; il fixera en outre les délais nécessaires à l'exécution de chaque mesure; les époques auxquelles les prestations en nature devront être faites; le mode de leur emploi ou de leur conversion en tâches, et statuera en même tems sur tout ce qui est relatif à la confection des rôles, à la comptabilité, aux adjudications et à leur forme, aux alignemens, aux autorisations de construire le long des chemins, à l'écoulement des eaux, aux plantations, à l'élagage, aux fossés, à leur curage et à tous autres détails de surveillance et de conservation. »

COMMENTAIRE.

Cet article, qui était fort nécessaire parce que la loi ne pouvait poser que des principes généraux, et que les détails d'application devaient être confiés aux autorités à cause de l'excessive diversité des localités, accorde aux préfets un immense pouvoir qui s'étend à tout ce qui concerne directement ou indirectement les chemins vicinaux et leurs accessoires, tels que fossés, haies, plantations.

Le préfet peut en vertu de cette disposition déterminer la distance des plantations d'arbres et de haies, la profondeur et la largeur des fossés, sans s'inquiéter des dispositions du Code civil, qui dans le fait sont inapplicables aux riverains des chemins vicinaux. Nous croyons même qu'il pourrait les forcer à établir des fossés entre eux et la voie publique, à frais communs, mais non à construire des murs ou à établir des plantations de quelque nature que ce soit.

De ce même article combiné avec le Code pénal, il résulte que les juges de police ont, à l'exclusion des conseils de préfecture et des tribunaux de police correctionnelle, la connaissance en premier ressort de toutes les contraventions, détériorations ou usurpations dont les chemins vicinaux et leurs accessoires peuvent être l'objet. Car après avoir donné une nomenclature étendue des divers points que le règlement doit embrasser, il termine en disant qu'il statuera en outre sur tous autres détails de surveillance et de conservation. Or, l'art. 471, n° 15 du Code pénal, modifié en 1832, est ainsi conçu :

« Seront punis d'amende depuis 1 franc jusqu'à 5 francs exclusivement, ceux qui auront contrevenu aux règlemens légalement faits par l'autorité administrative, et ceux qui ne se seront pas conformés aux règlemens ou arrêtés publiés par l'autorité municipale, en vertu des art. 3 et 4, titre 11 de la loi du 16-24 août 1790, et de l'art. 46, titre 1er de la loi du 19-22 juillet 1791. »

Et l'art. 479, n° 11, ajoute : « Seront punis d'une amende de 11 à 15 fr. inclusivement ceux qui auront dégradé ou détérioré de quelque manière que ce soit les chemins publics ou usurpé sur leur largeur.

Lorsqu'un préfet aura défendu de construire, de planter le long des chemins, d'en enlever les terres ou les pierres sans autorisation, de dégrader, d'usurper, d'empiéter à peine d'être traduit en simple police, les infractions à cette partie de son règlement, comme à toutes les autres, devront être réprimées, comme nous l'avons déjà dit, par les tribunaux de simple police, à l'exclusion des conseils de préfecture et des tribunaux correctionnels, dont les attributions et la compétence nous paraissent entièrement abolies par la nouvelle législation.

Nous savons bien qu'un député ayant demandé *que les juges de paix* fussent déclarés exclusivement compétens pour connaître des contraventions en matière de chemins vicinaux, son amendement, qui d'ailleurs était mal rédigé (car il aurait dû parler des tribunaux de police), ne fut pas accueilli, mais que d'une autre part, un autre député ayant voulu qu'on reconnût la compétence des conseils de préfecture pour juger de la plupart des contraventions, cet amendement fut également rejeté ; que dans le cours de la discussion, M. Vatout, rapporteur, fit observer que l'intention de la chambre était de rester dans le droit actuel et non d'innover.

Or, le droit actuel est le Code pénal (art. 471 et 479) qui, combiné avec l'art. 21 de la nouvelle loi, tranche la question de compétence pour tous les cas en faveur des juges de simple police, et rend conséquemment inutile l'amendement qui était proposé.

Il n'y aurait d'exception à cette règle que pour les cas prévus et punis par les art. 437, 445, 446, 447 et 448 du Code pénal.

ARTICLE XXII.

TEXTE.

« Toutes les dispositions de lois antérieures demeurent abrogées en ce qu'elles auraient de contraire à la présente loi. »

COMMENTAIRE.

La nouvelle loi n'est pas un code complet sur la matière; elle n'a pour but que de combler les lacunes de la législation antérieure, ou de réformer celles de ses dispositions dont l'expérience avait démontré le vice. Par conséquent, cette législation reste en vigueur dans tous les points sur lesquels la loi de 1836 ne la contrarie pas.

DEUXIÈME PARTIE.

ADDITIONS ET CHANGEMENS

AUX TROIS PARTIES DE LA 4e ÉDITION

DU TRAITÉ DES CHEMINS.

Page 13, *après la* 10e *ligne*, *ajoutez* :

Une loi du 20 mars 1835 exige de plus une enquête pour le classement des routes départementales ; elle est ainsi conçue :

« Art. 1er. — A l'avenir, aucune route ne pourra être classée au nombre des routes départementales, sans que le vote du conseil-général ait été précédé de l'enquête prescrite par l'art. 3 de la loi du 7 juillet 1833.

» Cette enquête sera faite par l'administration, ou d'office, ou sur la demande du conseil-général.

» 2. — Les votes émis jusqu'à la promulgation de la présente loi, quoiqu'ils n'aient pas été précédés de la susdite enquête, pourront être approuvés par ordonnance du roi, suivant les formes prescrites par le décret du 16 décembre 1811.

» 3. — Les dispositions qui précèdent auront lieu sans préjudice des mesures d'administration prescrites par le titre 2 de la loi du 7 juillet 1833 et relatives à l'expropriation. »

Page 78, *après la* 3e *ligne*, *ajoutez :*

D'après la généralité des termes du décret du 22 janvier 1808, l'administration a le droit de restreindre, non-seulement la première largeur de 24 pieds qui forme réellement le chemin de halage, mais encore la seconde de 6 pieds, accessoire au chemin, et sur laquelle, si les riverains ont le droit d'empêcher qu'on ne passe, ils ne peuvent au moins établir des constructions, plantations ou clôtures. Elle peut même supprimer entièrement celle-ci, et fixer un seul espace libre d'une manière générale ou absolue.

Toutefois, le conseil-d'état paraîtrait avoir décidé le contraire le 13 mai 1836, dans l'affaire du sieur Pierre pour lequel nous plaidions.

Le préfet d'Ille-et-Vilaine, usant du pouvoir accordé par le décret de 1808, avait réduit à 4 mètres de largeur le chemin de halage à établir le long de la Vilaine. Il avait ordonné la destruction des plantations, constructions et de tous autres obstacles existant dans cet espace, et avait défendu d'en faire dans la même étendue. Son arrêté avait été approuvé par le directeur-général des ponts-et-chaussées.

Le sieur Pierre avait construit à 4 mètres de la rive, en laissant conséquemment la largeur fixée par l'administration; mais, plusieurs années après, celle-ci prétendit qu'indépendamment des 4 mètres, il aurait dû laisser 6 pieds aux termes de l'ordonnance de 1669; que cette addition de largeur était due de plein droit, et que rien ne pouvait l'en affranchir. Le conseil de préfecture et le conseil-d'état ont, en effet, ordonné la destruction des constructions existant dans l'étendue des 18 pieds ou 6 mètres.

Néanmoins, on peut douter que le conseil-d'état se soit fondé, pour le décider ainsi, sur ce que l'administration n'a pas le pouvoir de réduire ou supprimer la servitude accessoire des 6 pieds; ce serait, à notre avis, une erreur beaucoup trop grave, une méconnaissance beaucoup trop extraordinaire de la généralité des termes du décret et de la puissance de l'administration, pour qu'on puisse la supposer dans une décision de cette haute juridiction. Il faudrait plutôt admettre que les termes de l'arrêté du préfet d'Ille-et-Vilaine ne lui ont pas semblé assez explicites pour qu'on pût y voir la suppression dont nous avons parlé. Nous avouons cependant que cette interprétation se concilie mal avec les termes de cet arrêté, puisqu'il y était défendu de faire des constructions, seulement dans l'espace de 4 mètres. Il était donc permis d'en faire au delà.

Nous pensons fermement que la prétention du sieur Pierre était très-fondée et qu'elle aurait dû être accueillie par le conseil-d'état, malgré la contrariété qu'en aurait éprouvée l'administration; car les droits des particuliers doivent être respectés.

Page 133, *après le* 2e *alinéa*, *ajoutez :*

La nécessité de se pourvoir d'une autorisation administrative pour construire ou réparer un bâtiment le long d'une grande route est la même, soit que les plans d'élargissement ou d'alignement de cette route aient été ou n'aient pas été approuvés par ordonnance royale. C'est toujours au préfet qu'il faut s'adresser pour obtenir la permission. Cela résulte de la généralité des termes de l'arrêt de 1765, et de deux décisions du conseil-d'état des 15 février 1833 et 29 août 1834.

Page 140, *après la* 9e *ligne*, *ajoutez :*

Depuis les décisions précitées du conseil-d'état, il est intervenu à cette juridiction trois autres décisions des 12 décembre 1834, 25 mars et 28 mai 1835, qui ont de nouveau consacré le principe que le propriétaire pouvait faire sans autorisation, dans la partie retranchable ou sujette à reculement, tous les travaux qui lui convenaient, pourvu qu'ils ne fussent pas confortatifs du mur de face. Le texte de ces décisions est identiquement le même que celui de l'arrêt Laffitte, rapporté page 137, ce qui nous dispense de le reproduire.

Un arrêt de la même juridiction du 23 décembre 1835, rendu sur le pourvoi du sieur Delafuye, paraît, au premier aspect, contrarier cette jurisprudence, et n'accorder au propriétaire que le droit de réparer un ancien bâtiment, et non de faire une construction nouvelle ; mais, en le lisant avec attention, on remarque qu'il a été déterminé par la considération que le propriétaire avait agi pour éluder la loi, et avait d'abord appuyé ses travaux sur le mur de face, ce qui devait en prolonger la durée.

On y lit : « Considérant qu'il est établi par l'instruction de l'affaire, que le sieur Delafuye a élevé, sans autorisation, dans la ville de Château-Gontier, route départementale n° 2, en deçà du mur de clôture de son jardin, des constructions qui y étaient d'abord adossées, et qui en ont été séparées depuis par un intervalle de 20 centimètres, mais qui forment encore une saillie de 1 mètre 40 centimètres sur le terrain qui doit être réuni à la voie publique ;

qu'il ne s'agit pas dès lors, dans l'espèce, de réparations faites dans l'intérieur de bâtimens déjà existans et sujets à retranchement, mais que le sieur Delafuye a entrepris, derrière le mur joignant la route, *une construction nouvelle* qui se trouve sur l'emplacement du sol destiné à l'élargissement de la rue d'Azée. »

Page 149, après l'avant-dernier alinéa, ajoutez ce qui suit :

Les principes ci-dessus sur le mur mitoyen devenu mur de face, sur la conservation des travaux non confortatifs et la modération de l'amende, ont été de nouveau consacrés par un arrêt pu conseil du 5 décembre 1834, rendu sur le pourvoi de la dame Bertrand, propriétaire d'une maison à Paris.

Il est ainsi conçu : « Considérant qu'au moment où l'administration a fait commencer la démolition de la maison que la ville de Paris avait acquise au coin des rues St-Martin et Aubry-le-Boucher, pour en ajouter l'emplacement à la voie publique, les limites de celle-ci se sont étendues jusqu'au mur mitoyen qui séparait cette maison de celle de la dame Bertrand, et qu'ainsi ce mur mitoyen, devenant mur de face, se trouvait soumis à toutes les servitudes que les règlemens de la voirie imposent aux constructions riveraines des voies publiques ; considérant que, dès lors, c'est avec raison que le conseil de préfecture a condamné la dame Bertrand à l'amende, pour avoir fait exécuter des travaux dans ledit mur, sans avoir demandé une autorisation préalable ; considérant néanmoins qu'il est reconnu par l'administration que les ouvrages faits par la dame Bertrand n'ont pas eu pour effet d'augmenter la solidité de sa maison, et qu'ainsi il n'y avait pas lieu d'en ordonner la démolition; considérant, en outre, que, d'après les circonstances de l'affaire, il convient de modérer l'amende encourue par la dame Bertrand, aux termes des réglemens de la voirie.

»Art. 1er. — L'arrêté du conseil de préfecture du département de la Seine, du 2 février 1832, est annulé dans celle de ses dispositions qui ordonne la démolition des constructions faites par la dame Bertrand. — Art. 2. L'amende prononcée contre elle par le conseil de préfecture est réduite à la somme de 100 fr. »

Page 153, après le premier alinéa, ajoutez ce qui suit :

Il était, en effet, de jurisprudence autrefois que les conseils de préfectures étaient incompétens pour statuer sur la demande en indemnité, à raison du dommage provenant du fait de l'administration. Nous lisons notamment dans l'arrêt du 22 juin 1825, rendu entre Combe et la ville d'Avignon, les motifs suivans : « Considérant qu'aux termes de l'article 4 de la loi du 28 pluviose an 8, les conseils de préfecture sont compétens pour connaître des dommages qui proviennent du fait des entrepreneurs, et non du fait de l'administration; que la destruction du moulin des frères Combe provient du fait de l'administration, puisque cette destruction a été opérée, vu le péril imminent, par ordre de l'ingénieur en chef, et avec l'approbation du préfet du département de Vaucluse ; qu'ainsi le conseil de préfecture s'est justement déclaré incompétent. » A la vérité, nous n'avons jamais pensé qu'il résultât de cette jurisprudence et de l'interprétation que nous donnions à la loi du 28 pluviose an 8, que l'autorité judiciaire fût seule apte à prononcer sur une action en indemnité provenant du fait de l'administration. L'incompétence du conseil de préfecture nous faisait croire que l'administration pure, c'est-à-dire le ministre, devait statuer sur la demande en liquidation, sauf recours au conseil-d'état. Mais les décisions récentes ne permettent plus de douter de la compétence des conseils de préfecture à l'exclusion du ministre et des tribunaux.

En effet, divers arrêts postérieurs du conseil-d'état et de la cour de cassation ont fixé le véritable sens de la loi, et nous préférons la nouvelle interprétation. Il existe notamment, dans ce sens, deux arrêts du conseil des 12 avril 1832, 30 mai 1834, et un arrêt de la cour de cassation du 20 août 1834. On peut voir dans le Recueil de Sirey (1834, page 530), l'exposé des moyens de l'administration, et l'explication qu'elle a donné des termes de la loi de l'an 8.

Il est d'ailleurs incontestable que la compétence du conseil de préfecture est restreinte au cas où il s'agit de simples torts et dommages; mais lorsqu'il y a dépossession réelle de tout ou partie de l'immeuble, c'est une expropriation; il faut alors procéder avec les formes de la loi du 7 juillet 1833, à moins que les travaux qui entraînent la dépossession n'aient été ordonnés avant la loi du 8 mars 1810. Voyez sur tout cela le remarquable ouvrage de M. Cotelle.

Toutefois, un arrêt du conseil du 25 août 1835, rendu sur conflit, dans l'affaire du sieur Pierre, a décidé qu'il appartenait au conseil de préfecture de juger s'il était dû une indemnité pour établissement d'un chemin du halage, et de la liquider. On a considéré que l'établissement de halage par l'administration ne constituait qu'un simple dommage, bien qu'il fallût détruire des bâtimens et plantations.

Nous ne pouvons adopter la décision de cet arrêt. Il nous semble qu'il y avait une question préjudicielle, (celle de savoir si le sieur Pierre avait droit de réclamer une indemnité, ou si sa propriété pouvait être grevée gratuitement d'une servitude), qui devait toujours être soumise aux tribunaux.

Page 161, *après la* 9e *ligne*, *ajoutez :*

L'arrêt qui précède, dont nous avions omis d'indiquer la date et qui est du 5 novembre 1828, nous avait autorisé à émettre l'opinion qu'un simple fossé pouvait constituer une clôture. L'article 6 de la section 4 du Code rural du 6 octobre 1791 est d'ailleurs là-dessus très-formel, pourvu cependant que le fossé ait la profondeur et la largeur déterminées par ce même article.

Au premier aspect, on pourrait croire que le contraire résulte de deux arrêts du conseil des 27 juin et 24 octobre 1834, lesquels, tout en confirmant la défense de prendre des matériaux dans les propriétés closes, semblent ne reconnaître pour clôture qu'un mur ou autre travail équivalant à un mur.

Dans la première affaire (Latour-Maubourg), le ministre de l'intérieur faisait observer que le bois du réclamant était entouré d'un fossé seulement, et qu'on ne pouvait considérer un fossé comme une clôture, dans le sens du règlement de 1755.

Dans la seconde affaire (Tarbé des Sablons), l'entrepreneur se défendait en disant que la propriété du réclamant, entourée de fossés dans quelques endroits seulement, n'était pas close dans le sens de la loi et des règlemens. Dans toutes deux, le conseil a motivé sa décision en ces termes :

« Considérant qu'aux termes de l'arrêt du conseil du 7 septembre 1755, les entrepreneurs de travaux publics peuvent prendre ces matériaux pour l'exécution des travaux dont ils sont adjudicataires, dans tous les lieux qui leur sont indiqués par leur devis, ou par désignation ultérieure émanée de l'autorité compétente, sans néanmoins qu'ils puissent les prendre dans les lieux qui seront fermés de murs ou autre clôture équivalente, suivant l'usage du pays; qu'il résulte de l'instruction de l'affaire et des pièces produites que la propriété du sieur ..... n'est pas entourée de murs ni de clôture équivalente à un mur, et qu'ainsi c'est avec raison que le conseil de préfecture a maintenu à l'entrepreneur la faculté d'y continuer ses fouilles. »

Toutefois, nous ne pouvons voir, dans cette décision, le principe général que jamais les fossés ne peuvent former clôture. Il est évident que le conseil a seulement dit que, dans les espèces particulières, ils ne la formaient pas. Tout, en cette matière, dépend donc des circonstances de chaque espèce; il est tel fossé qui, par sa largeur et sa profondeur, comme par l'eau qui y coule, peut constituer une clôture plus sûre et plus complète que celle qui résulte d'un mur de quelques pieds.

La nouvelle loi sur les chemins vicinaux oblige l'entrepreneur à faire déterminer par le préfet le lieu de l'extraction des matériaux, à prévenir le propriétaire dix jours d'avance et à l'indemniser. Elle ne fait pas défense de prendre dans les lieux clos, mais elle laisse subsister l'arrêt de 1775 qui, par conséquent, doit toujours être appliqué. V. ar. 10 mars 1834, Sirey — 1836 — 2ᵉ pᵉ, p. 173.

Page 174, après la 20ᵉ ligne, ajoutez :

Un arrêt du conseil du 30 octobre 1834, rendu sur le pourvoi du sieur Desgrandschamps, en rappelant le principe que les conseils de préfecture sont compétens pour statuer sur les demandes en indemnités pour torts et dommages provenant du fait des entrepreneurs de travaux publics, a de nouveau et très-expressément décidé que l'on n'avait pu, par une convention contraire insérée dans l'acte d'adjudication des travaux, déroger à cette compétence. Dans l'espèce de cet arrêt, les stipulations de l'acte d'adjudication portaient que les contestations seraient décidées par le sous-préfet. On n'y a eu aucun égard.

Page 176, après la 2e ligne, ajoutez :

Toutefois, pour que le conseil de préfecture puisse punir la contravention reprochée au propriétaire riverain, il faut d'abord que la largeur de la route et sa direction soient bien établies, soit par d'anciens plans, soit par d'autres documens irrécusables ; sans cela rien ne prouverait qu'il y a eu anticipation sur le sol du chemin. C'est ce que le conseil-d'état a décidé par arrêt du 30 juin 1835. Il résulte également de cette décision que c'est à l'administration de rechercher et de déclarer les anciennes limites.

On reprochait à M. Ganneron d'avoir empiété sur la route de Paris à Lille, dans le département de Seine-et-Oise, par le creusement d'un fossé et la plantation d'une rangée d'arbres. Il avait traduit l'état devant les tribunaux pour se faire reconnaître propriétaire du terrain qu'on l'accusait d'avoir usurpé. Il soutenait d'ailleurs que ce terrain ne faisait pas partie de la route.

Condamné par le conseil de préfecture, il appela au conseil-d'état, qui prononça ainsi :

« Il est sursis à statuer, toutes choses demeurant en état, jusqu'à ce que la largeur de la route, au point litigieux, ait été reconnue administrativement d'après les anciens plans et tous autres documens. »

Page 182, après la 17e ligne, ajoutez :

Il y a mieux : le conseil-d'état a même décidé que lorsqu'un fait compris seulement dans les énonciations générales des lois et règlemens sur la grande voirie, comme déféré au conseil de préfecture, était spécifiquement rangé, par le Code pénal, au nombre des contraventions de simple police, les tribunaux de police étaient compétens pour en connaître, à l'exclusion du conseil de préfecture.

Ainsi, par exemple, l'art. 475, n° 3, du Code pénal, est conçu dans les termes suivans :

« Seront punis d'amende, depuis 6 fr. jusqu'à 10 fr. inclusivement, les rouliers, charretiers, conducteurs de voitures quelconques ou de bêtes de charge, qui auraient contrevenu aux règlemens par lesquels ils sont obligés de se tenir constamment à portée de leurs chevaux, bêtes de trait ou de charge et de leurs voitures, et en état de les guider et conduire ; d'occuper un seul côté des *rues*, *chemins*, ou voies publiques ; de se détourner ou ranger devant toutes autres voitures, et, à leur approche, de leur laisser libre au moins la moitié des rues, chaussées, routes et chemins. »

Le voiturier du sieur Ingrand ayant été condamné par le conseil de préfecture des Deux-Sèvres à 6 fr. d'amende, pour avoir abandonné la conduite de ses chevaux sur *une grande route*, le ministre de l'intérieur se pourvut au conseil-d'état et soutint que le tribunal de simple police était seul compétent pour connaître de la contravention.

Un arrêt du 23 décembre 1835 a fait droit à cet appel en ces termes :

« Vu l'art. 475 du Code pénal et les art. 137 et 138 du

Code d'instruction criminelle ; vu le décret du 22 juillet 1806 ;

» Considérant qu'il s'agissait, dans l'espèce, d'une contravention prévue par l'art. 475 du Code pénal, et dont la connaissance est attribuée, par les art. 137 et 138 du Code d'instruction criminelle, aux tribunaux de simple police ; qu'ainsi, en statuant sur cette contravention, le conseil de préfecture du département des Deux-Sèvres a excédé ses pouvoirs ;

» L'arrêté du conseil de préfecture des Deux-Sèvres, du 7 décembre 1833, est annulé. »

Il suit de là que divers faits prévus et punis par les autres paragraphes de cet article 475, seraient aussi de la compétence des tribunaux de police, à l'exclusion des conseils de préfecture, qu'ils aient eu lieu dans une rue faisant continuation d'une grande route ou sur la grande route elle-même, c'est-à-dire sur la partie du chemin extérieure à la ville, au village ou au bourg.

Page 225, *après la* 25e *ligne*, *ajoutez :*

Les procès-verbaux en matière de grande voirie sont valables, quoiqu'ils ne soient signés que d'un seul gendarme ; mais aucune loi ne leur attribuant l'effet de faire foi jusqu'à inscription de faux, il s'ensuit qu'ils peuvent être débattus par des preuves contraires, dont la nature et l'espèce sont abandonnées à la conscience des conseils de préfecture. (Arrêts du conseil, des 21 mars 1834 et 19 janvier 1836.)

Ces principes ne s'appliquent pas seulement aux contraventions aux lois et règlemens sur la police du roulage et des messageries, ils s'étendent à toutes les contraventions en matière de grande voirie, sans exception.

Page 262, après le deuxième alinéa, ajoutez :

Par arrêt du 7 mars 1834, le conseil-d'état a jugé qu'un bac qui se trouve sur la ligne d'un chemin vicinal peut être considéré, par le préfet, comme la continuation de ce chemin, comme en faisant partie, et que, par conséquent, ce fonctionnaire, en prenant des mesures pour l'entretien du bac, ne fait que remplir un devoir et se conformer aux règles de sa compétence en matière de chemins vicinaux.

Page 275, après la 8e ligne, ajoutez :

A la vérité, on a souvent contesté au conseil-d'état le pouvoir de statuer sur un recours formé contre une décision ministérielle relative à la vicinalité, soit qu'elle ait refusé de la reconnaître, soit qu'elle l'ait reconnue et fixé la direction et la largeur d'un chemin. On a prétendu que les arrêtés rendus en cette matière ne constituaient que des mesures purement administratives, que l'exercice d'un pouvoir discrétionnaire qui ne pouvait jamais être critiqué par la voie contentieuse. Mais le conseil-d'état, après quelques variations de jurisprudence, a repoussé cette objection et reconnu sa compétence. La décision la plus récente que nous connaissions est du 7 février 1834, et c'est aussi à notre avis celle où le principe a été le plus clairement posé. Elle a été rendue entre les héritiers de Barral et la commune de Saint-Etienne de Crossey.

Il s'agissait d'un chemin dont la vicinalité était contestée. Les héritiers de Barral soutenaient que le chemin en litige était un sentier ouvert par leur auteur, pour l'exploitation de son domaine, et que d'ailleurs la commune était sans qualité, puisqu'il était tout entier sur le territoire de la commune de Saint-Ampre. Le préfet, se fondant sur ces motifs, déclara la commune de Saint-Etienne sans droit, et rapporta son arrêté de classement. Mais le maire ayant réclamé devant le ministre, il fut enjoint au préfet de maintenir le chemin dans l'état de classement.

Le sieur Bourdariat, l'un des héritiers de Barral, s'adressa au ministre, et lui fit observer que la commune était mal fondée dans ses prétentions, puisque le chemin en litige était placé hors de son territoire, et que le maire de Saint-Ampre, qui avait seul intérêt, ne réclamait pas. Ce fait fut reconnu par le ministre, mais il déclara qu'il ne pouvait rapporter sa décision, et qu'elle n'était attaquable que devant le conseil-d'état.

Les héritiers Barral se pourvurent au conseil-d'état, où ils invoquèrent les moyens précédemment exposés.

La commune de Saint-Etienne soutint le recours non-recevable, attendu qu'il ne s'agissait pas d'une matière contentieuse, mais bien d'une mesure purement administrative sur laquelle tout était consommé quand le ministre avait prononcé. Au fond, elle soutenait le bien jugé.

Voici dans quels termes il a été statué :

Sur la compétence : « Considérant que le sieur Bourdariat a contesté devant le préfet de l'Isère la préexistence du chemin dont il s'agit, comme vicinal, et que sa réclamation adressée à notre ministre de l'intérieur contre l'arrêté du préfet du 29 janvier 1830, rendu en exécution de la décision de notre dit ministre, du 25 janvier 1830, portait sur le même objet et était fondée sur les mêmes motifs; considérant que les contestations relatives aux déclarations de vicinalité des chemins, émanées des préfets, sont de la compétence de notre ministre du commerce et des travaux publics, et que ses décisions en cette matière sont de nature à nous être déférées en notre conseil-d'état par la voie contentieuse.

» AU FOND : — Considérant qu'il résulte des documens de l'affaire, que la décision ministérielle du 25 janvier 1830 n'était pas intervenue sur un débat contradictoire devant le ministre qui l'a prise, et qu'ainsi notre ministre aurait pu rapporter cette décision sur la réclamation de la partie intéressée ;

» Art. 1er. La décision du ministre de l'intérieur du 22 septembre 1830 est annulée. Art. 2, les parties sont renvoyées devant le ministre du commerce et des travaux publics pour être procédé à l'instruction du fond et statué ce qu'il appartiendra. »

Page 276, après la 8e ligne, ajoutez :

Un particulier, une commune pourrait aussi provoquer du préfet la rectification du tableau, par une demande, soit de classement, soit de réduction ou d'augmentation de largeur, de changement de direction ou de limites.

Le préfet serait certainement compétent pour faire droit à cette réclamation. Le conseil-d'état l'a ainsi jugé le 23 décembre 1835.

Garnier avait construit sur la rivière d'Eure un pont aboutissant à un sentier communal en face de l'usine du sieur Dellier. Celui-ci avait prétendu d'abord à la propriété du sentier pour contester a Garnier le droit de construire son pont, mais il a été reconnu qu'il était porté sur l'état des chemins vicinaux de la commune de Lèves. Sur la demande de Garnier, un arrêté du préfet, approuvé par le ministre de l'intérieur, rectifiant l'état primitif, a donné au sentier la largeur légale. Dellier s'est pourvu au conseil-d'état, qui a statué en ces termes : « Considérant qu'aux termes des lois des 9 ventose an 13 et 28 juillet 1824, il appartient au préfet de déclarer la vicinalité du sentier dont il s'agit, et d'en déterminer la direction et les limites ; que c'est par erreur, ainsi qu'il est expliqué dans l'arrêté du 12 novembre 1832, que la largeur dudit sentier avait été indiquée comme d'un mètre seulement dans l'état des chemins et sentiers vicinaux de la commune de Lèves, approuvé le 7 mars 1826, et qu'il résulte de l'instruction, que par l'arrêté du 12 novembre 1832, la direction et les limites anciennes dudit sentier ont été exactement reconnues et déterminées. »

Page 334, après la 13e ligne, ajoutez :

Le droit accordé aux communes de faire taxer les propriétaires ou entrepreneurs d'établissement qui dégradent les chemins, à des subventions particulières pour la réparation desdits chemins, n'est pas restreint aux cas où les ressources des communes seraient épuisées. Par cela seul que ces propriétaires ou entrepreneurs, en usant des chemins, leur causent une dégradation particulière, ils sont tenus de contribuer aux réparations en proportion de la détérioration qu'ils leur occasionent. (Arrêt du conseil du 25 août 1835.)

Page 335, après le 3e alinéa, ajoutez :

Lorsqu'un chemin vicinal est dégradé par l'exploitation d'une forêt de l'Etat, l'administration forestière est tenue de subvenir aux frais de réparation ; elle n'est pas fondée, dans le cas où le chemin est ainsi dégradé par son fait, à réclamer l'application de l'art. 8 de la loi du 28 juillet 1824, qui établit une contribution et non une subvention. (Arrêt du conseil du 21 octobre 1835.)

Ce même arrêt décide, en outre, contrairement à l'instruction du 10 avril 1827 et à un arrêt du 25 novembre 1831, que la commune avait pu réclamer la subvention de l'Etat, sauf recours contre les adjudicataires des coupes dont l'exploitation a dégradé les chemins. Mais nous persistons à penser que la commune n'avait d'action que contre les adjudicataires. Au surplus, notre opinion ne peut plus être contestée aujourd'hui que l'art. 14 de la nouvelle loi sur les chemins vicinaux la sanctionne définitivement.

Page 346, après le 1er alinéa, ajoutez :

Trois arrêts rendus par le conseil-d'état les 3 janvier 1834, 20 février et 26 août 1835, ont nettement décidé la question dans un sens opposé à notre opinion ; mais il ne nous déterminent pas à en changer.

On y lit que l'usage de chaque localité doit être respecté ; que c'est à l'autorité administrative de reconnaître et de déclarer l'usage en cette matière, et que lorsqu'elle déclare que l'usage est de mettre à la charge des propriétaires riverains le premier établissement du pavé, ceux-ci ne peuvent s'affranchir de cette obligation.

Page 359, après le 3e alinéa, ajoutez :

Un arrêt de la cour de cassation, chambres réunies du 10 mai 1834, a décidé que le propriétaire qui, sans autorisation, avait reconstruit entièrement la jambe étrière formant la mitoyenneté entre sa maison sujette à retranchement et la maison voisine, et qui par ce fait avait consolidé son mur de face sur rue, contrairement à un arrêté du maire, avait dû être condamné non-seulement à l'amende, mais encore à la démolition, et n'avait pu être dispensé de cette seconde peine, sous prétexte que l'arrêté du maire n'était pas obligatoire parce qu'il n'existait pas encore, pour la ville de Chartres, de plan d'alignement approuvé en conseil-d'état.

Page 359, après le 3e alinéa, ajoutez :

Il faut remarquer que dans tous les cas où une autorisation, un alignement sont exigés avant la confection de travaux ou réparations, ils doivent être donnés par *écrit ;* qu'on alléguerait en vain qu'ils ont eu lieu *verbalement ;* le juge ne devrait pas s'y arrêter ni en ordonner la preuve. Il devrait condamner sur-le-champ le contrevenant. (Arrêt de la cour de cassation du 20 octobre 1835.)

Page 360, après la 3e ligne, ajoutez :

Lorsqu'un particulier a volontairement exécuté un arrêté de l'autorité municipale, en reculant la façade de sa maison sur la voie publique, le terrain resté libre par l'effet de ce reculement se trouve dès lors incorporé à la voie publique, comme s'il en eût toujours fait partie. Si donc ce particulier élève ensuite quelque construction sur ce terrain, sans avoir obtenu l'autorisation, il se rend coupable de contravention. (Arrêt de la cour de cassation, du 4 octobre 1834.)

Page 378, après la 3e ligne, ajoutez ce qui suit :

Le même principe a été consacré de nouveau par arrêt du conseil du 25 juillet 1834, rendu dans l'espèce suivante :

Il s'agissait d'un alignement donné au sieur Pivain, propriétaire d'une maison à Pont-Audemer, rue de la Brasserie, et d'après lequel il devait avancer sur ladite rue. Les dames Gressent et Deshaies, propriétaires de maisons contiguës contestaient cet alignement par le motif que leurs bâtimens se trouvaient reculés dans une impasse, et elles prétendaient que la concession du terrain devait leur être faite de préférence au sieur Pivain; que d'ailleurs il s'agissait d'une petite place qui ne pouvait être restreinte aux termes mêmes de l'acte de vente nationale consentie à leur auteur. La réclamation ayant été rejetée par le ministre de l'intérieur, les dames Gressent et Deshaies se sont pourvues au conseil-d'état. Leur adversaire leur a opposé qu'il s'agissait d'une mesure purement administrative qui n'était pas susceptible d'être attaquée par la voie contentieuse.

Sur ce, arrêt ainsi conçu : « Considérant que l'arrêté du maire de la ville de Pont-Audemer n'a pas pour objet un alignement spécial et limité à une seule propriété, mais qu'il embrasse nécessairement plusieurs maisons contiguës; qu'il doit donner lieu à une acquisition de terrains de la part des propriétaires de ces maisons, conformément à l'article 53 de la loi du 16 septembre 1807, et a été l'objet de plusieurs contestations; considérant que dans cet état de choses, il y avait lieu à l'application de l'art. 52 de la même loi, par l'exécution soit d'un plan général, soit d'un plan partiel relatif à la portion sujette à un nouvel alignement, et que l'homologation du plan ainsi que l'examen des oppositions et contestations ne pouvaient avoir lieu que pardevant nous en notre conseil-d'état, sur le rapport de notre ministre de l'intérieur.

Art. 1er. » Les décisions de notre ministre du commerce et des travaux publics, des 7 janvier et 30 avril 1832, sont annulées.

Art. II. » Les parties sont renvoyées devant notre ministre de l'intérieur pour, sur son rapport, et conformément à l'art. 52 de la loi du 16 septembre 1807, être statué par nous en notre conseil-d'état, ce qu'il appartiendra. »

A plus forte raison, doit-on procéder de même, lorsqu'il s'agit d'un nouveau plan général d'alignement, par suite duquel une nouvelle place doit être établie aux dépens de la propriété d'un particulier.

(Arrêt du conseil, du 10 septembre 1835, entre la ville de Bordeaux et le sieur Fabre de Riennègre.)

Page 413, après le 2e alinéa, ajoutez :

Ces principes ont été de nouveau consacrés par deux décisions du conseil-d'état, des 28 mai et 23 décembre 1835, dans des espèces remarquables.

Dans la première, un chemin était porté sur le tableau par son nom, sans indication de largeur, de limites ni d'emplacement. Il était même énoncé *qu'il pouvait paraître inutile.* Néanmoins, le conseil de préfecture avait condamné le sieur Dutoya à détruire des travaux qui, suivant la commune de Langoiran, constituaient une anticipation.

Sur le recours au conseil-d'état, il a été prononcé en ces termes : « Considérant que si le chemin de Langoiran au hameau du Pin est compris dans l'état de classement des chemins vicinaux de la commune, la direction et la largeur dudit chemin n'ont pas été déterminées, et que dès lors il y a lieu, avant de prononcer sur les anticipations qui auraient pu être commises par le sieur Dutoya sur le sol dudit chemin, de faire rechercher et reconnaître ses limites par le préfet de la Gironde;

« Il est sursis à statuer sur les dispositions de l'arrêté attaqué du conseil de préfecture, relatives aux travaux exécutés le long du chemin de Langoiran, au hameau du Pin, jusqu'à ce que le préfet de la Gironde ait fait rechercher et reconnaître les anciennes limites dudit chemin, conformément à l'art. 6 de la loi du 9 ventose an 13. »

Dans la deuxième espèce, le préfet avait seulement déterminé la largeur du chemin; le conseil-d'état a prononcé comme il suit:

«Considérant que, par un arrêté en date du 29 avril 1811, le préfet du département de la Charente avait déclaré la vicinalité du chemin dont il s'agit, et en avait fixé pour l'avenir la largeur à cinq mètres; que, dès-lors, le conseil de préfecture était compétent pour réprimer les anticipations commises sur ledit chemin, et pour ordonner l'enlèvement des constructions qui seraient faites dans ses limites et sur son emplacement; mais que, par son arrêté précité, le préfet n'a déterminé d'une manière précise ni les anciennes limites du chemin au point litigieux, ni l'emplacement qu'il devait occuper à l'avenir, et que dès lors il y a lieu de surseoir à statuer jusqu'à ce qu'il ait été procédé par le préfet à cette détermination.

»Art. 1er. Il est sursis à statuer jusqu'à ce que le préfet du département de la Charente ait déterminé d'une manière précise la direction et les limites: 1° de l'ancien chemin tel que le public en jouissait avant l'arrêté du 29 avril 1811;

2° du même chemin avec la largeur de 5 mètres à lui attribuée par ledit arrêté. »

Page 424, après la 3e ligne, ajoutez :

Lorsqu'un particulier prétend avoir des droits à la propriété d'un chemin, non en vertu d'un partage administratif, mais par l'effet d'un échange qu'il soutient avoir été convenu et exécuté entre lui et le maire de la commune, la question relative à la validité et à la régularité dudit échange est du ressort des tribunaux. Les conseils de préfecture ne peuvent le déclarer nul sous prétexte qu'il n'a pas été fait dans les formes légales ; ils peuvent seulement réprimer l'usurpation si le chemin est classé régulièrement. (Arrêt du conseil, du 28 mai 1835.)

Page 429, après la 4e ligne, ajoutez :

Le même principe a été consacré plus récemment, par arrêt du conseil du 21 février 1834, dans une espèce où le préfet n'avait déclaré la vicinalité du chemin que depuis l'instance portée devant les tribunaux. Le conseil, en accueillant le conflit, a annulé la partie du jugement qui ôtait la possession du chemin à la commune, et décidé qu'il n'avait pu prononcer que sur la propriété.

Page 456, après la 25e ligne, ajoutez :

Cependant le conseil-d'état, comme nous l'avons vu dans la première partie, use souvent d'indulgence, et lorsqu'il n'y a pas anticipation, dégradation ou consolidation, que tout se réduit à un défaut d'autorisation préalable d'exécuter les travaux qui eussent été permis, il les laisse subsister, en se bornant à prononcer une amende ; mais les tribunaux ordinaires ne peuvent pas en agir de même, et sont obligés d'appliquer les deux peines d'amende et de démolition cumulativement, parce que les lois et règlemens les prononcent pour le seul fait de construction non autorisée.

Page 472, après le 3e alinéa, ajoutez ce qui suit :

La dégradation d'un chemin public provenant du fait d'y avoir déversé les eaux d'un ruisseau pour arroser des prairies situées au delà de ce chemin, constitue la contravention prévue et punie par le nº 11 de l'art. 479 du Code pénal, sans que son auteur puisse s'excuser par la possession où il est d'en user ainsi de tems immémorial. C'est ce qu'a jugé avec raison la chambre criminelle de la cour de cassation, par arrêt du 3 octobre 1835, ainsi conçu :

« La cour, vu les paragraphes 1 et 3 de l'art. 640, Code civil, et l'art. 479, Code pénal, ensemble les art. 154 et 161, Code d'instruction criminelle ; — attendu, en droit, que l'usagemême immémorial où l'on est de se servir des eaux qui coulent le long d'un chemin vicinal n'autorise point à les y faire déverser en les dérivant de leur cours naturel, afin d'arroser les prés riverains, et qu'inonder de la sorte ce chemin, c'est le dégrader ou le détériorer, dans le sens du deuxième des art. précités ;

» Et attendu que le procès-verbal rapporté dans l'espèce, constate que les fermiers de Verny-Lamothe, en se servant des eaux du ruisseau qui longe le chemin vicinal de Riom à Ennezat, pour l'irrigation de ses prés, les ont fait déverser sur ce chemin, et l'ont inondé et dégradé en totalité ou en partie sur trois points différens ; — que ce fait, légalement puni en simple police par l'application de la loi pénale qui le réprime, n'a été ni dénié devant le tribunal d'appel, ni débattu par la preuve contraire ;

» D'où il suit qu'en déclarant, néanmoins, qu'il n'est pas justifié et ne peut être justement qualifié de contravention, parce que ledit Verny-Lamothe est en droit, depuis un grand nombre d'années, d'user des eaux dont il s'agit pour arroser son héritage, et que les agages et les vannes placées à travers ce ruisseau, pour faciliter leur déviation, ne constituent point une innovation, le jugement dénoncé a commis une violation expresse des dispositions ci-dessus visées ; — casse. »

Page 476, après la 27e ligne, ajoutez :

Deux arrêts de la cour de cassation, l'un de la chambre civile, du 26 août 1829, rendu sur le pourvoi de M. de Radepont, l'autre émané de la chambre des requêtes, du 30 mars 1836, sur le pourvoi de M. Pécuchet, semblent contrarier cette doctrine.

Dans l'espèce du premier, M. de Radepont réclamait la maintenue en possession d'un terrain qu'il soutenait être une avenue conduisant à son habitation, et lui appartenant comme accessoire de celle-ci. A l'appui de son action, il n'invoquait que le fait de passage.

Dans l'espèce du second, la commune de Hautot-Levattois se prétendait propriétaire d'un sentier de trois pieds de largeur traversant les propriétés de M. Pécuchet ; elle n'invoquait d'autre fait que celui du passage par cette sente de la part des habitans d'un hameau ; mais elle ne l'avait jamais entretenu, n'y avait exercé aucun acte de surveillance ou de police. Bien plus, le sentier avait été souvent labouré, ensemencé par M. Pécuchet.

Dans ces deux affaires, les demandeurs tout en n'alléguant que des faits constitutifs d'une simple servitude discontinue, revendiquaient le terrain en litige à titre de propriété. Nous disions pour les défendeurs que ce n'était pas à la qualification donnée par les réclamans au droit qu'ils voulaient se faire adjuger, qu'on devait s'attacher; mais à la nature réelle de ce droit, telle que le constituaient les faits mêmes articulés et prouvés; qu'en effet, s'agissant de possession qui est toute en faits, on ne devait prendre en considération que les circonstances matérielles; qu'une doctrine contraire entraînerait les plus graves abus, en ce que celui qui n'aurait qu'un droit de servitude se garderait bien de l'avouer, et ne manquerait jamais, pour éluder la loi qui défend d'établir par la possession les servitudes discontinues, d'alléguer une prétendue propriété; qu'il arriverait ainsi à se faire accorder, en violant tous les principes, la pleine propriété d'un terrain sur lequel la loi lui refusait l'exercice d'une simple servitude.

Mais ces moyens n'eurent aucun succès, et la cour se fonda pour les repousser sur ce que les demandeurs réclamaient non à titre de servitude, mais à titre de propriété.

Nous ne pouvons nous rendre à cette raison qui nous paraît beaucoup trop vague et contraire au texte ainsi qu'à l'esprit de nos lois.

Nous concevons bien que les cours royales puissent, en se fondant sur des circonstances particulières de localités ou sur d'autres considérations puissantes et positives, adjuger la propriété d'un terrain à celui qui n'a d'autre fait de possession à invoquer qu'un passage constant, habituel, exclusif, parce qu'alors, ce n'est pas seulement sur la possession qu'elles s'appuient; nous admettons qu'alors la cour régulatrice ne puisse réviser leurs décisions plutôt de fait que de droit; mais d'une part, nous n'avons pas découvert dans les espèces ci-dessus rapportées ces circonstances graves et spéciales qui eussent été indispensables, et de l'autre les arrêts de la cour de cassation sont fondés, non sur des circonstances de cette nature, mais sur la qualification que les demandeurs avaient eu soin de donner au droit par eux revendiqué. C'est dans l'énonciation de ce motif que nous voyons l'erreur contre laquelle nous nous élevons.

Mais le fait de passage suffirait pour autoriser une action en faveur de l'habitant, s'il avait eu lieu sur une chose commune à tous, parce qu'alors ce serait le mode de jouissance d'une propriété appartenant aux habitans en général. Arrêt de la cour de cassation du 23 mars 1836.

Page 483, avant la dernière ligne, ajoutez :

Deux arrêts, l'un de la cour de Toulouse du 19 janvier 1825 (Dalloz, 1825, deuxième partie, page 108), l'autre de la cour de Bordeaux du 15 janvier 1835 (même recueil, 1836, deuxième partie, page 64), ont décidé que l'existence d'un chemin de halage limitrophe à une propriété privée, bordée de trois autres côtés par des héritages particuliers, n'empêchait pas que la première ne fût enclavée et que son possesseur n'eût le droit de réclamer l'application de l'art. 682 du Code civil. On ne peut pas dire qu'il y a issue sur la voie publique. Le chemin de halage n'est qu'une servitude qui laisse la propriété du fonds aux riverains. C'est même une servitude toute spéciale pour le service de la navigation et du flottage. Elle ne peut être employée à un autre usage.

Page 486, après la 2e ligne, ajoutez :

Ces principes ont encore été consacrés par arrêt de la

de cour Bordeaux du 15 janvier 1835 (Dalloz, 1836, deuxième partie, page 64).

Page 497, après la 26e ligne, ajoutez :

Ce qui précède ne s'applique qu'à l'hypothèse d'un chemin vicinal *momentanément* impraticable par accident ou défaut d'entretien.

Mais que devrait-on décider dans le cas où ce chemin serait détruit ; par exemple si bordant une rivière qui ne serait ni navigable ni flottable, il venait à être emporté par la violence des eaux?

Il est évident que ce serait absolument la même chose ; que le public pourrait provisoirement passer sur la plus prochaine terre, et que son propriétaire aurait aussi droit à une indemnité.

Toutefois, il faut bien remarquer qu'à la différence de ce qui a lieu pour les chemins de halage le long des rivières navigables et flottables, lesquels ne sont que des servitudes qui laissent la propriété aux riverains et sont presque toujours exigées sans indemnité, l'abandon que le riverain serait tenu de faire, dans l'espèce que nous discutons, pour remplacer le chemin vicinal, comprendrait le fonds ou propriété, et constituerait une véritable expropriation. Or, si le simple passage temporaire donne droit à une indemnité, l'abandon absolu l'entraîne aussi à plus forte raison ; c'est d'ailleurs le droit commun résultant de la Charte et du Code civil.

Le riverain aurait donc le droit de s'adresser à la commune pour la contraindre à acheter et à lui payer son terrain, et quoique tenu à souffrir provisoirement le passage, jusqu'à ce que l'autorité ait eu le tems de prendre ses mesures et de faire connaître ses intentions, il pourrait après ce tems écoulé, sans qu'elle s'expliquât, reprendre sa propriété et empêcher qu'on ne s'en servît dès qu'on ne voudrait pas la lui payer intégralement.

Le riverain aurait aussi le droit de discuter la nécessité de l'établissement du chemin sur son fonds, et de soutenir qu'il doit être fait ailleurs, à un point plus ou moins rapproché de l'ancien. Mais l'administration, juge en cette matière, serait maîtresse de repousser sa prétention, et de fixer où bon lui semblerait l'emplacement de la nouvelle voie.

Nous trouvons au Journal de M. Sirey, volume 1835, page 577, une très-bonne dissertation de M. de Villeneuve sur la question de savoir s'il est dû une indemnité au riverain obligé de fournir le nouveau chemin. L'auteur se prononce avec raison pour l'affirmative. Il rapporte ensuite un arrêt de la cour de cassation du 11 août 1835, qui, sans s'expliquer positivement sur ce point, décide que si le particulier dont on avait pris le terrain se croyait fondé à réclamer une indemnité, c'était contre la commune qu'il devait se pourvoir.

Nous avons déjà fait pressentir que les principes ci-dessus développés ne pouvaient s'appliquer au cas où un chemin de halage ou marche-pied le long d'une rivière navigable ou flottable serait emporté par les eaux. Le riverain, d'après la jurisprudence du conseil-d'état, que nous n'admettons qu'avec des distinctions énoncées dans notre *Traité des Chemins* et notre *Supplément au Régime des eaux*, serait obligé de fournir sans indemnité la portion de terrain nécessaire à la formation du nouveau chemin.

FIN.

www.ingramcontent.com/pod-product-compliance
Ingram Content Group UK Ltd.
Pitfield, Milton Keynes, MK11 3LW, UK
UKHW021102260726
13994UKWH00002B/658

www.ingramcontent.com/pod-product-compliance
Ingram Content Group UK Ltd.
Pitfield, Milton Keynes, MK11 3LW, UK
UKHW021102260726
13994UKWH00002B/658